ASSOCIATION NATIONALE FRANÇAISE
POUR LA
PROTECTION LÉGALE DES TRAVAILLEURS

LA SEMAINE ANGLAISE

LE REPOS DE L'APRÈS-MIDI DU SAMEDI

PAR

Raoul JAY

Professeur à la Faculté de Droit de l'Université de Paris

Membre du Conseil supérieur du travail

FÉLIX ALCAN

MARCEL RIVIÈRE

ÉDITEURS

NOUVELLE SÉRIE : N° 9

PRIX : 1 FRANC

COMITÉ DIRECTEUR DE L'ASSOCIATION

Paul **CAUWÈS**, doyen honoraire de la Faculté de Droit de l'Université de Paris, président honoraire de l'Association.

A. **MILLERAND**, député, ancien ministre, président.

Ed. **BRIAT**, secrétaire général de la Chambre consultative des Associations ouvrières de production, membre du Conseil supérieur du travail et de la Commission supérieure du travail dans l'industrie, vice-président.

A. **LIEBAUT**, ingénieur, membre du Comité consultatif des arts et manufactures et de la Commission supérieure du travail dans l'industrie, vice-président.

Raoul **JAY**, professeur à la Faculté de Droit de l'Université de Paris, membre du Conseil supérieur du travail, secrétaire général.

Léon de **SEILHAC**, publiciste, délégué permanent du service industriel et ouvrier du *Musée social*, trésorier.

Georges **ALFASSA**, ingénieur civil, E. C. P.

Louis **BARTHOU**, député, ancien président du Conseil des Ministres.

Adéodat **BOISSARD**, professeur à la Faculté libre de Droit de Paris.

François **FAGNOT**, enquêteur à l'*Office du travail*.

Arthur **FONTAINE**, directeur du Travail au Ministère du Travail et de la Prévoyance sociale.

Arthur **GROUSSIER**, député.

Auguste **KEUFER**, délégué permanent de la Fédération française des Travailleurs du Livre.

Abbé **LEMIRE**, député.

André **LICHTENBERGER**, directeur-adjoint du *Musée social*.

Henri **LORIN**, ancien élève de l'Ecole Polytechnique.

Etienne **MARTIN-SAINT-LÉON**, bibliothécaire du *Musée social*.

Comte A. de **MUN**, député.

C. **PERREAU**, ancien député, professeur à la Faculté de Droit de l'Université de Paris.

Eug. **PETIT**, docteur en Droit, ancien chef du cabinet du ministre du Comm[illegible]rce.

Paul **STRAU[illegible]S**, sénateur, membre de l'Académie de médecine.

Paul **PIC**, pro[illegible]sseur à la Faculté de Droit de l'Université de Lyon

Ivan **STROH**[illegible] industriel.

Edouard **VAILLANT**, député.

SIÈGE SOCIAL : **5, rue Las-Cases, PARIS, VIIe**

ASSOCIATION NATIONALE FRANÇAISE
POUR LA
PROTECTION LÉGALE DES TRAVAILLEURS

LA SEMAINE ANGLAISE

LE REPOS DE L'APRÈS-MIDI DU SAMEDI

RAPPORT

DE

M. Raoul JAY

Professeur à la Faculté de Droit de l'Université de Paris
Membre du Conseil supérieur du travail

Compte rendu des Discussions. — Vœux adoptés

PARIS

LIBRAIRIE FÉLIX ALCAN
MAISONS FÉLIX ALCAN & GUILLAUMIN réunies
BOULEVARD SAINT-GERMAIN, 108

MARCEL RIVIÈRE et Cie
LIBRAIRIE des SCIENCES POLITIQUES & SOCIALES
RUE JACOB, 31

1918

PUBLICATIONS A CONSULTER

La règlementation hebdomadaire de la durée du travail. — Le repos du samedi, par MM. Ivan STROHL, industriel, et F. FAGNOT, enquêteur à l'Office du Travail, 1903. — Une brochure, 39 pages in-16 (*Première série*, n° 2). — **0 fr. 60.**

La durée légale du travail. — Des modifications à apporter à la loi de 1900, par MM. FAGNOT, enquêteur à l'Office du Travail; MILLERAND, député, et STROHL, industriel, 1905. — Un volume, 300 pages in-16 (*Deuxième série*). — **2 fr. 50.**

Félix ALCAN et Marcel RIVIÈRE, éditeurs.

LA SEMAINE ANGLAISE

Le Repos de l'Après-midi du Samedi

RAPPORT DE M. RAOUL JAY

Professeur à la Faculté de Droit de l'Université de Paris

Membre du Conseil supérieur du Travail

La « semaine anglaise » est une organisation du travail dans laquelle la semaine ne comporte que cinq jours de plein travail. Le samedi, le travail cesse à midi ou peu après pour ne reprendre que le lundi matin. L'expression « semaine anglaise » est, d'ailleurs, aujourd'hui souvent employée pour désigner toute organisation du travail comportant une réduction quelconque de la journée de travail du samedi (1).

I

Le repos de l'après-midi du samedi à l'étranger

Il parait très probable que la journée de travail du samedi était, au moyen âge, habituellement réduite dans

(1) C'est dans ce sens large que l'expression est employée dans le compte rendu de l'enquête récente de l'Office du Travail. « Dans ce compte rendu, écrit le rédacteur, et pour éviter de continuelles périphrases, on appellera semaine anglaise, conformément au langage devenu courant, la réduction de la durée du travail le samedi, cette réduction fût-elle d'une heure seulement ou de deux ». *Office du Travail. Enquête sur la réduction du travail le samedi* (*Semaine anglaise*) 1913 p. I.

L'oùvrage français le plus complet sur la question est celui de M. René MARTINAT. *Le repos de l'après-midi du samedi dans l'industrie.* Paris 1911.

tous les pays chrétiens. Pour la France, M. Martin Saint-Léon l'affirme avec toute l'autorité qui lui appartient (1). Mais, mieux que les autres pays, l'Angleterre a su conserver ou reconquérir le repos de l'après-midi du samedi : d'où le nom de « semaine anglaise » donnée à l'organisation de travail dont ce repos est le trait caractéristique.

En Angleterre, le repos de l'après-midi du samedi n'est pas seulement une coutume. Il est depuis longtemps inscrit dans les lois qui sont venues réglementer, de façon de plus en plus étroite, le travail des enfants, des adolescents et des femmes. Déjà, l'Act de 1825, qui limitait à douze heures la journée de travail des personnes de moins de seize ans occupées dans les manufactures de coton, ne permettait d'employer ces personnes que pendant neuf heures le samedi, le travail devant, ce jour-là, prendre fin à quatre heures et demie au plus tard.

Aujourd'hui, dans l'industrie, aux termes de l'Act du 17 août 1901, les enfants et adolescents jusqu'à dix-huit ans et les femmes de tout âge voient leur travail du samedi réduit dans une mesure qui varie suivant la nature et la composition des établissements où ils sont occupés.

Dans les fabriques textiles, le travail des femmes et des adolescents, limité à dix heures les cinq premiers jours de la semaine, ne peut, le samedi, dépasser cinq heures et demie, ni se prolonger au delà de onze heures et demie, midi, midi et demi, une heure ou une heure et

(1) MARTIN SAINT-LÉON, *Histoire des Corporations de métiers*, 2e édition, p. 141.

M. Dominique Delahaye disait au Sénat, le 8 juillet 1914 : « Voilà quelque chose qui est très bien. Mais de grâce, messieurs, n'appelons plus cela la semaine anglaise mais la semaine chrétienne. » M. Jenouvrier, interrompant, ajoutait : « et française ».

demie, suivant l'heure du commencement de la journée et la nature de l'occupation de l'ouvrier (travail de fabrication ou autre).

Dans les fabriques non textiles et les ateliers, la journée de travail est, en règle générale, pour les mêmes personnes, limitée à dix heures et demie les cinq premiers jours de la semaine et à sept heures et demie le samedi, le travail devant, ce jour-là, cesser à deux, trois ou quatre heures de l'après-midi suivant qu'il a commencé à six, sept ou huit heures du matin.

Les enfants ne sont occupés qu'au demi-temps, la moitié de la journée ou un jour sur deux. Le samedi, leur journée de travail commence et finit en même temps que celle des adolescents ; cependant, dans les fabriques non textiles et les ateliers, le travail des enfants ne peut, le samedi, se prolonger au delà de deux heures de l'après-midi.

La législation anglaise n'a pas limité la durée du travail des hommes adultes occupés dans les établissements industriels. Mais l'usage paraît avoir assuré le repos de l'après-midi à un très grand nombre de ces hommes adultes.

Pour le commerce, le *Shops Act* du 29 mars 1912, décide que, un jour au moins par semaine, l'employé de magasin ne doit pas être occupé aux affaires du magasin après une heure et demie de l'après-midi.

Tom Mann estimait à 85 0/0 la proportion des travailleurs du commerce et de l'industrie qui bénéficient en Angleterre du repos de l'après-midi du samedi (1).

De l'Angleterre, le repos du samedi a passé dans la pratique, parfois aussi dans la législation des colonies

(1) V. le repos de l'après-midi du samedi et la semaine anglaise. Lille, 1912 p. 1.

anglaises. Il est aussi depuis longtemps très répandu aux Etats-Unis (1).

Ce repos de l'après-midi du samedi était, au contraire, jusqu'à ces dernières années, resté à peu près inconnu sur le continent européen. Nous le retrouvons aujourd'hui dans les lois de la Suisse, de l'Allemagne, des Pays-Bas et de la Grèce.

La législation fédérale suisse ne s'est pas bornée à intervenir en faveur des enfants, des adolescents et des femmes. Deux lois sont venues accorder à tous les ouvriers des *fabriques* (2) le bénéfice d'une réduction de la journée de travail du samedi. La loi du 23 mars 1877 qui limitait à onze heures la durée du travail journalier des ouvriers des fabriques, réduisait déjà cette durée à

---

(1) V. René MARTINAT, loc. cit., p. 80 ; *Bulletin de l'Office du Travail*, Janvier 1906 et avril 1908.

(2) Sont considérées comme fabriques dans le sens de l'article 1er de la loi fédérale concernant le travail dans les fabriques, du 23 mars 1877, et placées sous le régime de la même loi, sous la réserve qu'elles correspondent aux conditions générales mentionnées à l'article précité :

a) les exploitations qui travaillent avec plus de 5 ouvriers et emploient des moteurs mécaniques, ou occupent des personnes âgées de moins de 18 ans, ou présentent des dangers particuliers pour la santé et la vie des ouvriers ;

b) les exploitations occupant plus de 10 ouvriers et ne présentant aucune des conditions mentionnées à l'article *a* ;

c) les exploitations occupant moins de 6 ouvriers et présentant des dangers exceptionnels pour la santé et la vie des ouvriers, ou celles occupant moins de 11 ouvriers et présentant le type évident de fabriques. (Arrêté du Conseil fédéral du 3 juin 1891.) En outre, les moulins et les usines électriques sont soumis à la loi avec 2 ouvriers, les fabriques d'allumettes avec un seul (*Statistique suisse des fabriques* d'après les relevés de l'inspectorat fédéral des fabriques du 5 juin 1911 publiée par le Département fédéral de l'Industrie, p. XXXIV, note 1).

La statistique suisse des *fabriques* constate l'existence de 7785 *fabriques* occupant 328,841 ouvriers.

dix heures les samedis et veilles de fêtes. La loi du 1er avril 1905 a ramené à neuf heures la durée de la journée de travail des samedis et veilles de jours de fête et décidé en même temps que, tout travail, même de nettoyage, devrait être, ces jours-là, terminé avant cinq heures (1).

La loi de 1905 a été le point de départ d'un rapide développement du repos de l'après-midi du samedi. D'après les constatations de la dernière statistique suisse des fabriques, 43,2 0/0 des fabriques occupant 53,5 0/0 des ouvriers employés dans ces établissements travaillent moins de neuf heures le samedi.

Pour 7 0/0 des établissements et 19,7 des ouvriers, la durée du travail du samedi ne dépasse pas six heures et demie. Pour plus de 6 0/0 des établissements et 18 0/0 des ouvriers, elle ne dépasse pas six heures, c'est-à-dire qu'elle laisse l'après-midi du samedi entièrement libre (2).

La proportion des établissements et des ouvriers ne travaillant le samedi que six heures et demie ou moins s'élèverait à 7,8 et à 20,5 0/0 si on tenait compte des établissements assez nombreux où le travail n'est suspendu qu'en été ou un samedi sur deux.

La nouvelle loi sur le travail dans les fabriques, du 18 juin 1914, marque, en Suisse, un nouveau progrès de la réduction de la durée du travail et de la semaine anglaise. Aux termes de l'article 40 de cette loi : « La

---

(1) L'article 5 de la loi du 1er avril 1905 règle la question des exceptions.

(2) *Statistique suisse des fabriques*, 1912, p. LVI, LVII, LVIII.

Il est intéressant de remarquer que sur 100 établissements e 100 ouvriers ayant le repos du samedi après-midi, il n'est que 9,1 des établissements et 7,9 des ouvriers qui travaillent 11 heures les cinq premiers jours de la semaine. — 33,4 des établissements et 54,2 des ouvriers font 10 h. 1/2 les cinq premiers jours. — 29,5 des établissements et 29,1 des ouvriers font 10 h. — 28, des établissements et 8,8 des ouvriers font moins de 10 h.

journée de travail ne peut dépasser dix heures ; elle est réduite à neuf heures la veille des dimanches et jours fériés. » L'article 41 dispose : « Lorsque la journée de travail du samedi ne dépasse pas, dans la règle, six heures et demie, et qu'elle prend fin à une heure au plus tard, les autres journées peuvent être de dix heures et demie.

« La présente disposition aura force de loi pendant sept ans à partir de l'entrée en vigueur de l'article 40. »

On le voit, le jour prochain où cette loi sera en vigueur, le travail d'aucun des travailleurs des fabriques suisses ne pourra, en règle générale, dépasser 59 heures par semaine.

En Allemagne, la loi du 28 décembre 1908 modifiant le § 137 du Code industriel (*Gewerbeordnung*) décide que, dans tous les établissements occupant normalement dix ouvriers au moins, les ouvrières ne peuvent être occupées plus de dix heures par jour, ni plus de huit heures les samedis et veilles de fêtes. Les samedis et veilles de fêtes, le travail ne peut être prolongé après cinq heures du soir (1).

En Allemagne, comme en Suisse, l'intervention légale a eu des effets indirects plus importants peut-être que ses effets directs.

On constate, depuis 1908, la généralisation et le développement progressif du repos de l'après-midi. Le fait est surtout remarquable dans l'industrie textile.

---

(1) Pour la détermination précise du domaine d'application de la règle et les exceptions qu'elle comporte voir le rapport présenté à la huitième assemblée générale de l'Association internationale pour la protection légale par la section allemande de cette association : *Schriften der Gesellschaft für Soziale Reform* Heft 52/53. *Der Samstags-Frühschluss in Industrie und Handel, des deutschen Reichs* von Dr Ludwig Heyde, spécialement p. 10.

Voici comment le Dr Heyde résume les conséquences qu'a eues, à ce point de vue, la promulgation de la loi de 1908 : « La législation nouvelle a eu, en beaucoup d'endroits, pour conséquence des progrès dépassant les prescriptions légales et cela dans deux directions : en premier lieu, les ouvriers masculins ont fréquemment immédiatement profité en totalité ou presque en totalité, des avantages accordés aux ouvrières et, en second lieu, on a vu, dans beaucoup d'endroits, la fermeture à cinq heures se transformer, même en l'absence de toute contrainte, en fermeture à quatre heures ou même plus tôt parce que les huit heures de travail permises se trouvaient écoulées avant cinq heures. Il n'est pas rare qu'il soit, de plus, arrivé qu'à raison de la brieveté de la période de travail encore légalement possible après l'habituelle suspension de midi, des raisons tirées des nécessités de l'organisation du travail ou encore de considérations d'ordre technique ou disciplinaire aient amené à renoncer complètement au travail de l'après-midi en prolongeant quelque peu le travail de la matinée. La « semaine anglaise » qui s'institue ainsi et comporte, dans la majorité des cas, une sérieuse réduction de la durée de travail légalement permise, a été largement introduite dans certaines industries, avant tout dans l'industrie textile, mais en aucune façon, uniquement dans cette industrie..... L'application de la nouvelle réglementation a, dans l'ensemble, démontré qu'elle était avantageuse aussi bien pour l'ouvrier que pour le patron. Les trois dernières années ont amené un développement continûment progressif de la fermeture anticipée du samedi (1). »

Voici comment le même rapport présente la situation en ce qui concerne les employés : « La liberté de l'après-

(1) Heyde, loc. cit. p. 197.

midi du samedi existe déjà, dans une grande mesure, dans l'empire allemand, pour les employés privés et les fonctionnaires publics ; le développement est moins grand en ce qui concerne les établissements commerciaux de gros qu'en ce qui concerne les bureaux des fabriques... La semaine anglaise pour les employés et fonctionnaires fait d'étonnants progrès. »

En résumé le rapport de la *Gesellschaft für Soziale Reform* constate qu'en Allemagne « la semaine anglaise est sur toute la ligne, en rapide progrès. »

Elle n'est, cependant, encore pratiquée que dans une minorité des établissements (1).

On retrouve encore des lois imposant le repos de l'après-midi du samedi aux Pays-Bas et en Grèce.

Aux Pays-Bas, il est, aux termes de la loi du 7 octobre 1911 interdit d'employer des adolescents ou des femmes plus de dix heures par jour et plus de cinquante-huit heures par semaine.

La même loi décide que les femmes mariées et les femmes célibataires chargées du soin d'un ménage qui ont informé de ce fait le chef d'établissement ne peuvent, en règle générale, travailler le samedi après une heure de l'après-midi.

Enfin, un règlement peut interdire l'emploi d'adolescents ou de femmes dans les fabriques et ateliers le samedi après une heure de l'après-midi dans toutes les industries ou certaines industries.

En Grèce, la loi des 24 janvier-6 février 1912 limite à dix heures les cinq premiers jours de la semaine, à huit heures les samedis et veilles de jours fériés, la durée du travail des femmes et adolescents de moins de 18 ans occupés dans les établissements industriels.

(1) V. loc. citato, p. 108.

II

La semaine anglaise en France

1° — *Le développement de la semaine anglaise en France*

On ne trouve encore en France aucune législation imposant aux industriels ou aux commerçants la réduction de la journée de travail du samedi.

Dans l'industrie, le repos de l'après-midi du samedi reste très exceptionnel. Deux enquêtes l'ont démontré.

Le 23 décembre 1902, le ministre du commerce prescrivait aux inspecteurs divisionnaires du travail de lui faire connaître les établissements qui pratiquaient le repos de l'après-midi du samedi. Les résultats de l'enquête qui se poursuivit pendant les mois de janvier et février 1903 ont été publiés par le *Bulletin de l'Office du Travail* (1).

D'après cette enquête, l'usage de faire cesser le travail de meilleure heure le samedi n'était pratiqué, en France, que par 451 établissements industriels occupant 37.671 ouvriers ; il ne s'étendait qu'à 0,14 p. 100 des établissements et à 1,32 p. 100 du personnel ouvrier des établissements soumis à l'inspection. Cette dernière proportion était d'ailleurs un peu plus forte si l'on ne considérait que le personnel féminin (3,17 p. 100).

La plupart des établissements industriels dans lesquels la réduction du travail du samedi avait été observée, en 1903, pouvaient être classés en trois groupes.

« Dans le premier groupe qui est de beaucoup le plus nombreux, l'usage du repos de l'après-midi du samedi est imposé par les conditions mêmes du recrutement des ouvriers. Ces établissements sont, en général, situés en

---

(1) *Bulletin de l'Office du Travail*, Mars 1903, p. 204.

pleine campagne et sont obligés de recruter leur personnel dans un rayon assez étendu (10, 15 et même 25 kilomètres), Les ouvriers couchent, pendant la semaine, dans le dortoir de l'établissement ou dans des chambres garnies aux environs de la fabrique; tous les samedis ils vont retrouver leurs familles afin de passer avec elles le dimanche. Comme ils ont beaucoup de chemin à faire, ils sont obligés de partir de bonne heure pour arriver chez eux avant la nuit. »

Le nombre des établissements classés dans ce premier groupe s'élevait à 394. Presque tous se rattachaient à l'industrie de la soie ; 253 étaient des moulinages de soie. On les trouve surtout dans l'Ardèche, l'Isère, la Drôme, le Gard, la Vaucluse. Le personnel profitant de la réduction de la journée de travail du samedi comprenait 22.069 travailleurs, 14.532 femmes, 6.438 enfants de moins de 18 ans et seulement 1.099 hommes adultes (1).

Le second groupe des établissements qui pratiquaient, en 1903, le repos du samedi soir était tout entier constitué par des fabriques de la région roannaise, dont 24 étaient situés dans la Loire et 17 dans le Rhône. Le nombre des travailleurs cessant le travail de meilleure heure le samedi était de 12.331 dont 4.945 hommes adultes, 6.463 femmes et 923 enfants.

Dans la région roannaise, l'origine de l'usage remonte au moins, à 1879. « Il fut inauguré par un industriel de Roanne, dans le but de permettre aux ouvrières de s'occuper des soins du ménage, le samedi soir, de façon à pouvoir se conformer, le dimanche, aux prescriptions de leur religion. Cet industriel eut, jusqu'en 1889, peu d'imitateurs : cette année là, à la suite d'une grève générale de tous les ouvriers des cotonnades, ceux-ci deman-

(1) *Bulletin de l'Office du Travail*, loc. cit.

dèrent et obtinrent, de leurs patrons, le repos de l'après-midi du samedi (1). »

Le troisième groupe des établissements qui pratiquaient le repos de l'après-midi du samedi était formé par des établissements d'origine anglaise, américaine ou hollandaise. On comptait, en tout, 10 de ces établissements occupant 1.424 ouvriers, dont 940 hommes adultes, 219 femmes, 265 enfants.

En dehors de ces trois groupes la pratique de la semaine anglaise n'avait été, en 1903, constatée par l'inspection du travail, que dans une filature-corderie d'Angers et dans cinq filatures de schappe du département de l'Ain.

Une nouvelle enquête a été faite, en 1913, par l'Office du travail, sur la demande de la Commission permanente du Conseil supérieur du travail, auprès des Chambres de commerce et Chambres consultatives des arts et manufactures, des Bourses du travail, des Commissions départementales du travail et des Syndicats professionnels de patrons et d'ouvriers de l'industrie.

On lit dans le compte rendu que l'Office du travail a publié de cette enquête : « La nouvelle enquête ne fait pas ressortir que la pratique (du repos de l'après-midi du samedi) se soit développée au cours des dix dernières années dans l'industrie française, mais la physionomie générale du mouvement s'est modifiée pendant cette période. Si la pratique s'est maintenue dans les fabriques de cotonnades de la région de Roanne — seule région où elle soit à peu près générale en ce qui concerne l'industrie textile — elle a sensiblement diminué dans les mou-

(1) *Bulletin de l'Office du Travail*, loc. cit. p. 207. — D'après M. Chassain de la Plasse, l'origine de l'usage remonterait jusqu'en 1877. V. *L'industrie roannaise et le chômage du samedi soir*. Roanne, 1879, p. 15.

linages et filatures de soie; inversement, l'usage a pénétré depuis lors dans diverses industries situées dans des régions très différentes, mais, dans l'ensemble, le nombre des établissements est peu important et, sauf à Roanne, cet usage n'est encore qu'à l'état exceptionnel (1) ».

D'après les renseignements donnés par l'inspection du travail, en 1913, les établissements pratiquant, à sa connaissance, la semaine anglaise, c'est-à-dire réduisant la durée de travail de deux heures au moins, sont seulement au nombre de 397. On devrait, il est vrai, suivant l'opinion de certains, y ajouter les 650 fabriques de tulles et dentelles de Calais qui, si elles ne pratiquent pas exactement la semaine anglaise appliquent un système qui assure aux hommes adultes le repos complet de l'après-midi un samedi sur deux (2).

Des 397 établissements signalés par le service de l'inspection du travail « 125 ou près d'un tiers se trouvent dans la région de Paris et 123, près d'un tiers également, sont répartis dans la région de Lyon qui comprend 8 départements du Sud-Est. Les 149 autres établissements

---

(1) *Office du travail, Enquête sur la réduction de la durée du travail le samedi* (*Semaine anglaise*), 1913, p. I.

(2) M. Isaac, a, au Conseil supérieur du travail, affirmé que les ouvriers tullistes de Calais ne pratiquaient pas la semaine anglaise Compte rendu de la XXIIIe session, p. 49. Devant le même Conseil, M. Blanchet a exprimé l'opinion que cette statistique n'avait relevé que les usines où le repos de l'après-midi du samidi était appliqué sous le nom de « semaine anglaise » ; « on a, disait-il, certainement négligé celles où le même résultat est obtenu anonymement ou sous une autre appellation. » M Blanchet affirmait notamment que, dans l'Isère, il faudrait compter parmi les établissements qui pratiquent la semaine anglaise à peu près tous les tissages de soies, où les ouvrières quittent le travail à midi. V. le compte rendu de la XXIIIe session du Conseil supérieur du travail, novembre 1913, p. 128.

sont disséminés un peu partout dans les autres régions du pays.

« Au point de vue professionnel, le groupe le plus important est celui des industries textiles : 126 établissements ou 31 °/₀ du total. Ces établissements, presque tous situés dans la région de Lyon, comprennent notamment 68 tissages de coton à Roanne et aux environs, 40 tissages de soie et 5 moulinages et filatures de soie. Dans les 76 établissements du groupe des industries des métaux figurent 44 maisons de bijouterie et joaillerie à Paris soit 11 °/₀ des cas signalés et 11 établissements de construction mécanique de la région parisienne. On peut également citer dans les industries du bois, 46 fabriques de bouchons (12 °/₀ des cas signalés) de la région de Bordeaux ; dans le travail des terres et des pierres, 36 ateliers de taille de diamant (9 °/₀ des cas signalés) dont 8 ateliers à Paris et 27 à Saint-Claude ; dans les produits alimentaires, 12 fromageries industrielles de Roquefort (1) ».

Il paraît certain que la semaine anglaise a fait, dans ces dernières années plus de progrès dans le commerce que dans l'industrie. M. Artaud, l'un des représentants

---

(1) Enquête de l'Office du travail déjà citée, pages V et VI.

« La durée du travail le samedi est connue pour 392 établissements sur 397. Cette durée est de quatre heures dans 92 établissements, ou 23 °/₀ ; de quatre heures et demie dans 12 établissements ; de cinq heures dans 86 établissements, ou 21 °/₀ ; de cinq heures et demie et six heures dans 54 ; de six heures et demie, sept heures ou sept heures et demie dans 24 et de huit dans 124 établissements, ou 31 °/₀ des cas signalés.

« Le travail prend fin le samedi à 11 heures ou 11 heures 1/2 du matin dans 32 établissements ; à midi, dans 195 établissements, soit exactement la moitié ; à midi et demi et 1 heure, dans 16 établissements ; à 2 heures, 2 heures 1/2 et 3 heures, dans 11 ; à 4 heures, dans 70, ou 17 °/₀ ; à 4 heures 1/2, dans 1, à 5 heures du soir, dans 64 établissements, ou 16 °/₀ des cas signalés et à 6 heures du soir dans 1 établissement. » cod. loc., p. V.

des employés de commerce au Conseil supérieur du travail, affirmait, lors de la dernière session de ce Conseil, que l'expérience avait été tentée avec succès dans les branches les plus diverses du commerce (1). L'usage se généralise notamment dans les maisons de banque, d'assurances. Mais il ne nous est pas possible de donner des chiffres.

2°. — *La question devant le Parlement.*

A. — LES PREMIÈRES PROPOSITIONS.

Dès 1886, la question de la réduction de la durée de la journée de travail du samedi était posée devant le Parlement français par une proposition signée par MM. Albert de Mun, Freppel, de Belizal, Larère, Boscher-Delangle, Hillion, de Kersanson, Le Cour (2). L'article 10 de cette proposition était ainsi rédigé : « Les samedis et veilles de fêtes, le travail industriel ne pourra excéder huit heures, y compris les travaux de nettoyage, de réparations et de rangement, sauf dans les usines à feu continu ».

Les discussions des lois du 2 novembre 1892 et du 30 mars 1900 donnèrent lieu à diverses manifestations en faveur de la semaine anglaise (3).

---

(1) V. le compte rendu de la XXIIIe session, novembre 1913, p. 48.

(2) Proposition du 20 février 1886. Documents parlementaires de la Chambre des députés. Session ordinaire de 1886. J. O., p. 1073. Trois ans après, M. Albert de Mun reprenait sa proposition avec MM. de Ramel, de Montalembert, Thellier de Poncheville, Le Cour, Brincard, de Monsaulnin. V. la proposition du 27 décembre 1889, Chambre des députés, session extraordinaire de 1889, Documents parlementaires. J. O., p. 270.

(3) La loi du 2 novembre 1892 admettait la réglementation hebdomadaire de la durée du travail, mais seulement pour les

Mais, seule, l'application de la loi de 1900 vint mettre véritablement la question à l'ordre du jour.

On vit, en effet, à ce moment, un très grand nombre d'industriels réclamer une modification de la loi de 1900 qui leur permît d'organiser la semaine anglaise dans leurs établissements.

L'initiative du mouvement paraît avoir été prise par la Chambre de commerce de Belfort (1). A la suite d'un rapport de M. Georges Kœchlin et d'une enquête faite auprès de tous les industriels du territoire de Belfort, cette Chambre adoptait, le 6 mai 1902, le vœu : « que la loi du 30 mars soit ainsi modifiée :

« Pour les ateliers dont le personnel ouvrier doit, à partir du 1er avril 1902, travailler 10 heures 1/2 efféctives par jour, et à partir du 1er avril 1904, 10 heures effectives par jour, le travail sera de 60 heures par semaine.

« Ces soixante heures seront réparties sur les six jours de la semaine suivant les intérêts et les convenances de chaque usine; mais, en aucun cas, la journée de travail effectif ne pourra excéder 11 heures ».

---

adolescents de 16 à 18 ans qui ne pouvaient être employés plus de 60 heures par semaine sans que le travail journalier pût dépasser onze heures.

M. Malartre avait, sans succès, lors de la discussion de la loi de 1892 (séance du 29 octobre 1892) proposé l'extension de la réglementation hebdomadaire à tous les mineurs de 18 ans.

On sait que la loi du 30 mars 1900 a fait de la journée de dix heures la règle uniforme pour les adolescents de 16 à 18 ans comme pour les enfants, les femmes et les hommes adultes employés dans les mêmes locaux que ces enfants, adolescents ou femmes. La réglementation hebdomadaire de la durée du travail avait été, au cours des débats auxquels la loi de 1900 donna lieu, défendue par M. l'abbé Lemire à la Chambre des députés (1899) et par M. de Blois au Sénat (séance du 26 mars 1900).

(1) V. sur ce mouvement : *Le repos de l'après-midi du samedi*, *Bulletin de l'Office du travail* 1904, p. 208.

Le mouvement ne restait pas limité à la région de l'Est. Le 5 mai 1902, l'assemblée des présidents des Chambres de commerce réunis à Paris avait également demandé que « le maximum des heures de travail soit fixé par semaine et non par jour ». Ce vœu fut reproduit par un grand nombre de Chambres de commerce.

L'Union des syndicats patronaux des industries textiles de France formulait ou appuyait, à plusieurs reprises, des vœux analogues. L'assemblée générale de cette Union demandait, notamment, le 10 mars 1903 : « que les industriels aient le droit de répartir sur les autres jours de la semaine les heures de liberté accordées aux ouvriers le samedi soir. »

Quels étaient les avantages que les industriels espéraient tirer de l'organisation de la semaine anglaise? Un industriel, M. Strohl, les exposait, le 27 février 1903, devant l'Association française pour la protection légale des travailleurs. M. Strohl affirmait sa conviction que la diminution de la production serait l'infaillible résultat de l'introduction de la journée de dix heures. Il ajoutait cependant : « Il y aurait peut-être un moyen de rendre cette diminution de production moins sensible à l'industriel et de permettre à ce dernier de rétablir à peu près l'équilibre de son prix de revient, sans que ce soit au étriment du salaire de ses ouvriers.

« Ce moyen consisterait, au lieu de réduire le travail a dix heures par jour, soit donc à 60 heures par semaine, de le réduire à 60 heures par semaine avec un maximum de onze heures par jour pendant cinq jours et de cinq heures seulement le sixième jour.

« Industriels et ouvriers y trouveraient leur compte.

« Les industriels, en effet, réaliseraient d'abord par cette combinaison une économie de combustible, car, que la machine marche une heure de plus, une fois qu'elle est bien en train, que les générateurs sont sous pression, ce n'est pas cela qui fait une grande consommation de combustible, tandis que l'arrêt du moteur pendant une demi-journée entière se traduit de suite par des chiffres très appréciables.

« D'un autre côté, ils pourraient faire faire, le samedi après-midi, les réparations et travaux qu'on ne peut exécuter que pendant l'arrêt complet de l'usine et qu'on était obligé de faire maintenant les dimanches ; or, comme les travaux du dimanche se paient plus cher que ceux de la semaine (le tarif est généralement de 50 % plus élevé et va même quelquefois au double) il y aurait, de ce chef encore, une économie. »

« ..... N'ayant pu me rendre compte, par un essai de un ou deux mois, de la différence de production et de prix de revient que donneraient comparativement au travail actuel de 63 heures par semaine ou 10 h. 1/2 par jour, le travail de 60 heures par semaine avec 10 heures par jour et celui de 60 heures par semaine et arrêt de la demi-journée le samedi, j'ai du me borner à des estimations théoriques, mais je crois qu'en payant pour 60 heures les mêmes salaires qu'actuellement pour 63 heures par semaine, la distribution du travail que je préconise permettrait à l'industriel :

1° De retrouver environ 50 % du sacrifice qu'il aurait consenti par l'économie de combustible résultant de l'arrêt du moteur pendant la demi-journée du samedi ;

2° D'en retrouver encore 25 % en faisant faire le samedi après-midi, au tarif ordinaire, les travaux de réparation faits actuellement le dimanche au tarif majoré (1) ».

---

(1) V. *la réglementation hebdomadaire de la durée du travail, le repos du samedi*. La protection légale des travailleurs. Discussion de la Section nationale française. Paris 1904, p. 48.

C'est pour donner satisfaction aux vœux formulés par les industriels que le Sénat adoptait, le 24 mars 1904, avec quelques modifications, la proposition présentée par MM. Waddington, Méline, Maxime Lecomte en vue de modifier les lois de 1848, 1892 et 1900.

Le texte voté par le Sénat introduisait la rédaction suivante dans l'article 3 de la loi du 2 novembre 1892 :

Article 3 : « Les jeunes ouvriers et les femmes ne peuvent être employés à un travail effectif de plus de dix heures par jour ou de soixante heures par semaine.

« Dans le cas de l'adoption du régime hebdomadaire, la totalité des soixante heures peut être répartie sur les jours ouvrables de la semaine dans la limite du maximum de onze heures par jour..... La date de la demi-journée sera obligatoirement la veille du jour du repos heddomadaire. »

La proposition adoptée par le Sénat le 24 mars 1904 n'a jamais été discutée par la Chambre des députés. Il ne faut pas s'en étonner. Cette proposition ne se contente pas, en effet, d'autoriser l'option entre le régime de la réglementation hebdomadaire et celui de la réglementation journalière. Les règles nouvelles qu'il apporte en ce qui concerne le nettoyage et les dérogations qu'il acccorde de plein droit aux industriels, auraient, dans beaucoup d'industries, pour effet de permettre de superposer à la journée de dix heures un si grand nombre d'heures supplémentaires que la journée moyenne pourrait dépasser 10 h. 1/2 et même 11 heures (1).

(1) La proposition votée par le Sénat permet de consacrer chaque semaine deux heures au nettoyage en plus des 60 heures de travail productif. D'après la même proposition, les industries de plein air et celles qui emploient des matières périssables peuvent, 90 fois par an, prolonger de deux heures la journée de travail ; les industries soumises à l'influence de la saison, de la

La loi du 30 mars 1900 n'a pas été modifiée. La journée de 10 heures est, depuis le 1er avril 1904, devenue la règle légale pour les enfants, les adolescents, les femmes comme aussi pour les hommes adultes occupés dans les mêmes locaux que ces enfants, adolescents ou femmes. Et pendant, longtemps, il n'a plus guère été question de la semaine anglaise, au moins au Parlement (2).

---

mode ou de toute autre cause de marche irrégulière peuvent user de la même faculté 75 fois par an.

Les industries comprises dans l'une ou l'autre de ces deux catégories peuvent également suspendre le repos hebdomadaire 15 fois par an.

Pour 300 jours de travail par an, l'exception introduite en matière de nettoyage représente plus de 80 heures supplémentaires. Si on ajoute 90 ou 75 fois deux heures c'est-à-dire 150 ou 190 heures supplémentaires, 15 dimanches à 10 heures soit encore 150 heures on arrive à augmenter la journée moyenne de plus d'une heure. Ce n'est plus même la journée de 11 heures.

M. Waddington avait été le premier auteur de la proposition soumise au Sénat et le rapporteur de la Commission. M. Waddington s'est cru cependant obligé de critiquer, comme excessives, les dispositions que le Sénat a, en définitive, adoptées (Séance du Sénat du 24 mars 1904).

(1) L'Association française pour la protection légale des travailleurs a, en 1905, sur les rapports de MM. Fagnot, Millerand et Strohl recherché un texte transactionnel qui, en donnant certaines satisfactions à la majortié sénatoriale, permettrait d'étendre à tous les ouvriers le bénéfice de la journée de 10 heures ou de la semaine de 60 heures.

En ce qui concerne la réglementation hebdomadaire de la durée du travail, elle adoptait, le 2 février 1905, le vœu suivant : « Par exception à la règle générale fixant la journée à 10 heures, une réglementation hebdomadaire pourrait être autorisée par un règlement d'administration publique pour certaines industries d'une ou de plusieurs régions ou de la France entière, aux conditions suivantes :

« a) Pendant cinq jours, journée de 10 h. 1/2 sauf pour les enfants de moins de 16 ans dont la journée ne dépasserait pas 10 heures.

B. — COMMENT LA QUESTION SE POSE AUJOURD'HUI.

Aujourd'hui, la question est, de nouveau, à l'ordre du jour, mais elle se pose dans des conditions toutes différentes. Ce ne sont plus les industriels qui demandent la *faculté* d'introduire la semaine anglaise dans leurs ateliers. C'est la grande majorité des représentants des ouvriers et des employés qui réclame que cette semaine anglaise soit au moins en règle générale *imposée* à tous les établissements industriels et commerciaux.

Il faut ajouter que ce que réclament ces représentants des ouvriers et employés, ce n'est plus seulement une nouvelle répartition des heures de travail légalement permises entre les six jours de la semaine, mais une réduction de la durée légale du travail hebdomadaire. Les ouvriers et employés ne veulent pas payer le repos de l'après-midi du samedi d'une prolongation de la durée légale du travail des cinq premiers jours.

Ainsi envisagée, la semaine anglaise figure, depuis plusieurs années, en tête des revendications formulées au 1er mai. Nombreux sont les congrès ouvriers qui émettent des vœux en sa faveur (1). Déjà, nous avons vu d'impor-

---

« *b*) Le sixième jour, 6 h. 1/2 de travail continu pour tout le personnel et repos complet le lendemain.

« *c*) Le règlement devrait prescrire une consultation des ouvriers intéressés sous des formes garantissant la liberté et la sincérité de leur réponse. »

V. Publications de l'Association nationale française pour la protection légale des travailleurs, 2e série, *La durée légale du travail*, 1905.

(1) M. Briat a reproduit, dans le rapport qu'il présentait au Conseil supérieur du travail au nom des ouvriers de la Commission permanente les vœux formulés en faveur de la semaine anglaise par divers Congrès ou Fédérations. Le vœu formulé par l'Union corporative des ouvriers mécaniciens débute ainsi : « L'ensemble des organisations ouvrières, par la bouche de ses représentants

tantes grèves déclarées et longtemps soutenues pour l'obtenir ou la défendre.

De son côté, la Chambre des députés a été saisie de plusieurs propositions destinées à généraliser le repos de l'après-midi du samedi dans l'industrie (1).

On sait que la Chambre des députés a, le 4 juillet 1912, adopté un projet de loi tendant à étendre à tous les ouvriers la règle que la loi du 30 mars 1900 a restreinte aux seuls ouvriers occupés dans les mêmes locaux que des femmes ou des mineurs de 18 ans, c'est-à-dire à assurer à tous le bénéfice de la journée de 10 heures. M. de Mun avait, par voie d'amendement, demandé que le projet de loi fut modifié de manière à réduire à 8 heures la journée de travail du samedi. Pour ne pas retarder le vote de la loi de dix heures, M. de Mun consentit à faire de cet amendement une proposition spéciale.

Cette proposition présentée le 11 novembre 1911 vise le travail des hommes adultes comme celui des enfants et des femmes. La journée de travail de tous serait, en principe, limitée, dans l'industrie, à 8 heures, le samedi,

---

les plus autorisés parlant dans divers Congrès, s'est prononcé d'une façon énergique en faveur de l'application générale de la semaine anglaise ».

V. Publications du Conseil supérieur du travail : Rapports de MM. Briat et Pralon, 1913, p. 21.

(1) La proposition relative à la réglementation du travail dans les établissements commerciaux présentée par M. Albert de Mun, le 13 janvier 1911, introduisait dans une certaine mesure la semaine anglaise en faveur des employés. On lit dans l'article 2 de cette proposition : « Dans les établissements de gros et les bureaux autres que ceux affectés à un service public, les samedis et veilles de jours fériés, le travail ne doit pas dépasser huit heures ni se prolonger au delà de quatre heures de l'après-midi ».

le travail devant, ce jour-là, se terminer à quatre heures au plus tard (1).

La proposition présentée par M. Chéron, ancien ministre du travail, le 11 décembre 1913, ne protège que les femmes. Aux termes de cette proposition la journée de travail des femmes ne pourrait plus, le samedi, dès la promulgation de la loi nouvelle, excéder 8 heures ni se prolonger au-delà de 4 heures de l'après-midi.

Deux ans après la promulgation de la loi les femmes ne pourraient plus être occupées, le samedi après midi (2).

---

(1) Voici le texte de l'article 3 de la proposition du 11 novembre 1911. « Article 3. —A partir de la promulgation de la présente loi, le travail effectif des personnes protégées par la loi du 2 novembre 1892 et des ouvriers adultes travaillant dans les mêmes locaux que ces personnes ne pourra, les samedis et et veilles des jours fériés, dépasser huit heures ni être prolongée au delà de quatre heures du soir dans les établissements visés à l'article 1.

« La même règle sera applicable quatre ans après la promulgation de la présente loi aux ouvriers adultes occupés en dehors des locaux où travaillent des femmes et des enfants. Pendant cette période de quatre ans, le travail effectif ne pourra, les samedis et veilles des jours fériés, dépasser dix heures, ni être prolongé au delà de six heures du soir.

« Il ne pourra être fait exception aux règles de l'article 3 qu'en ce qui concerne les ouvriers adultes et seulement à raison de la nature de certains travaux préparatoires ou complémentaires ainsi qu'au cas d'accidents matériels à réparer.

« Les exceptions ainsi prévues seront déterminées par le règlement d'administration publique visé à l'article 2 ».

(2) Voici le texte de la proposition de M. Chéron :

« ARTICLE PREMIER.

« Est codifiée dans la teneur ci-après et formera l'article 15 *a* du Livre II du Code du travail et de la prévoyance sociale la disposition suivante :

« Article 15 *a*. — Dans les mêmes établissements, les jeunes

Saisie des propositions de Mun et Chéron, la Commission du travail de la Chambre des députés s'est ralliée au principe de la proposition de M. de Mun ; elle a jugé préférable de ne pas limiter la réforme aux femmes (1). La Commission du travail conclut à l'adoption du texte suivant :

« Article premier

« Dans les manufactures, fabriques, usines, ateliers et chantiers, dans les mines, minières et carrières, dans les entreprises de chargement ou de déchargement ainsi que dans les dépendances de tous ces établissements de quelque nature qu'ils soient, publics ou privés, laïques ou religieux, même lorsqu'ils ont un caractère d'enseignement professionnel ou de bienfaisance, deux ans après la promulgation de la présente loi, la journée de travail de tout le personnel, soit mixte, soit composé d'adultes seuls, devra, le samedi et les veilles des jours fériés légaux se terminer à 4 heures de l'après-midi et sa durée ne pourra dépasser huit heures.

« Six ans après la promulgation de la présente loi la journée de travail le samedi et les veilles de jours fériés légaux devra se terminer à midi et sa durée ne pourra dépasser cinq heures.

---

filles de plus de 18 ans et les femmes de tout âge ne doivent pas être occupées le samedi à partir de midi.

« Article 2.

« Toutefois, pendant les deux années qui suivront la promulgation de la présente loi, les jeunes filles et femmes visées à l'article premier pourront être occupées le samedi jusqu'à seize heures sans que la durée de leur travail effectif puisse toutefois excéder huit heures. »

(1) V. le rapport présenté, au nom de la Commission du travail par M. Justin Godart, le 6 mars 1914. Documents parlementaires n° 3632.

« Art. 2

« Les dispositions de l'article précédent ne s'appliquent point aux établissements qui, occupant seulement des ouvriers adultes, n'en comptent pas plus de cinq et n'emploient pas une force motrice supérieure à trois chevaux.

« Art. 3

« Les contraventions à la présente loi sont constatées et réprimées dans les conditions déterminées par les articles 17 à 29 inclus de la loi du 2 novembre 1892 modifiée par la loi du 30 mars 1900. »

M. Vaillant et ses collègues du groupe socialiste avaient, le 24 janvier 1913, présenté une proposition plus large assurant à tous les *travailleurs salariés* un repos hebdomadaire continu partant du samedi à midi pour ne se terminer que le lundi dans la matinée (1).

Le Parlement n'a pas encore discuté les propositions visant à rendre obligatoire pour les industriels la réduction de la journée de travail du samedi. Mais il vient d'avoir à se prononcer sur l'introduction du repos de l'après-midi du samedi dans les établissements de l'Etat. Le 10 juillet 1914, une loi a été promulguée ouvrant aux

---

(1) Voici le texte de la proposition de M. Vaillant : « Pour tous les travailleurs salariés, quels que soient le mode de leur rémunération (salaire proprement dit ou traitement), leur sexe, leur âge, leur occupation, la semaine de travail est de cinq jours et demi suivis d'un jour et demi de repos ininterrompu.

« Ce repos hebdomadaire continu part du samedi à midi pour ne se terminer que le lundi dans la matinée.

« Dans le cas seulement d'impossibilités de force majeure ou d'obligations techniques reconnues et acceptées par les syndicats ouvriers de la Conf dération générale du travail, le repos hebdomadaire d'un jour et demi pourrait, avec leur assentiment, être reporté à un autre moment de la semaine. »

ministères des finances et de la guerre des crédits « destinés à permettre la fixation de la durée du travail hebdomadaire dans les manufactures de l'Etat et les établissements dépendant du ministère de la guerre à quarante-neuf heures, lesquelles seront réparties entre cinq jours de la semaine et la matinée du jour qui précède le repos hebdomadaire. »

Cette loi a rencontré quelque résistance au Sénat. Elle y a donné lieu, le 8 juillet, à une importante discussion. Le passage à la discussion des articles n'en a pas moins été voté au Sénat, par 192 voix contre 44 ; l'ensemble du projet par 233 voix contre 4. Le texte adopté par le Sénat a été, le 9 juillet, approuvé par la Chambre à la majorité de 519 voix contre 9.

La question du repos de l'après-midi du samedi a été longuement discutée au Conseil supérieur du travail dans sa session de novembre 1913, à la suite des deux rapports présentés, l'un par M. Briat au nom des membres ouvriers de la Commission permanente et l'autre par M. Pralon au nom des membres patrons de la même Commission. Les résolutions suivantes ont été adoptées :

« A. La journée légale du travail pour les femmes employées dans l'industrie reste fixée, pour les cinq premiers jours de la semaine, à dix heures. Le samedi, le travail, sans exception, devra cesser à midi.

« B. La journée de travail des hommes adultes et des enfants de moins de 18 ans employés dans l'industrie reste soumise, pendant les cinq premiers jours de la semaine, aux règles établies par le décret-loi du 9 septembre 1848 et par la loi du 30 mars 1900.

« Le samedi, dans les industries qui seront déterminées par la Commission permanente du Conseil supérieur du travail, le travail pourra cesser, pendant toute l'année, ou seulement une partie de l'année, le samedi après-midi.

« L'heure de cessation du travail sera arrêtée, d'un commun accord entre les syndicats patronaux et ouvriers de la ville, ou, de la région ou à défaut, par les Conseils de prud'hommes.

« C. Dans les établissements commerciaux de gros, bureaux, banques, assurances — et partout où la mesure pourra être réalisée sans préjudice grave pour le public — le travail cessera à midi les samedis et veilles de jours fériés.

« Dans les autres établissements commerciaux, le personnel bénéficiera d'un repos compensateur l'un quelconque des jours de la semaine, de préférence le lundi. »

Ces résolutions n'ont été votées qu'à de faibles majorités, et aucune de ces majorités ne comprenait de patrons(1). L'enquête faite par l'Office du travail, au cours de l'année 1913, avait déjà démontré cette opposition de la grande majorité du patronat.

Voici comment se répartissaient les réponses recueillies dans cette enquête au sujet du principe de la semaine anglaise pour les femmes, pour les enfants et pour les hommes adultes.

En ce qui concerne les femmes, 541 organisations se

---

(1) M. Pralon écrivait dans le rapport présenté au nom des membres patrons de la Commission permanente du Conseil supérieur du travail : « La conclusion de ce rapport est donc, comme nous l'avons annoncé en commençant, l'énonciation, de la part des membres patrons de la Commission permanente, d'une opposition complète à toute réduction obligatoire et légale de la durée de travail le samedi pour une catégorie quelconque des travailleurs de l'industrie française. »

V. Conseil supérieur du travail, session de 1913. Rapports de MM. Briat et Pralon p. XXXVI.

prononcent en faveur de la semaine anglaise et 455 contre.

Les 541 organisations favorables comprennent 11 chambres de commerce, 28 bourses du travail, 35 syndicats de patrons, 399 syndicats ouvriers, 68 commissions départementales du travail.

Les 455 organisations opposées au repos de l'après-midi du samedi pour les femmes, se répartissent ainsi : 126 chambres de commerce, 268 syndicats de patrons, 50 syndicats ouvriers, 11 commissions départementales du travail.

Pour les enfants, 567 organisations ont exprimé un avis favorable, 531 une opinion contraire.

Les avis favorables émanent de 9 chambres de commerce, 28 bourses de travail, 28 syndicats de patrons, 439 syndicats ouvriers et 63 commissions départementales du travail.

Les avis contraires émanent de 129 chambres de commerce, 321 syndicats de patrons, 66 syndicats ouvriers, 15 commissions départementales du travail.

En ce qui concerne les hommes adultes, 556 organisations se sont prononcées pour la semaine anglaise et 634 contre.

Pour : 8 chambres de commerce, 28 bourses du travail, 22 syndicats patronaux, 464 syndicats ouvriers et 34 commissions départementales.

Contre : 130 chambres de commerce, 382 syndicats patronaux, 95 syndicats ouvriers et 27 commissions départementales du travail (1).

---

(1) *Office du travail. Enquête sur la réduction de la durée du travail le samedi. (Semaine anglaise)*, 1913, p. IX.

III

Les arguments des partisans de la semaine anglaise

Faire du dimanche une vérité, c'est-à-dire le jour du repos collectif du plus grand nombre possible de travailleurs, en même temps qu'un plein jour de vie de famille, tel est le but commun que poursuivent, d'où qu'ils viennent, les promoteurs de la semaine anglaise. En grosses lettres, en tête du numéro publié par la *Voix du Peuple*, le 1er mai 1912, on lisait : « La conquête de la semaine anglaise permettra aux travailleurs, en leur donnant la possibilité de faire leurs achats le samedi après midi, de consacrer le dimanche tout entier au repos et à la vie de famille. » On lisait encore dans le même numéro : « *Avec la semaine anglaise, c'est la possibilité de la reconstitution du foyer familial.* »

Le repos du dimanche n'avait pas tout d'abord été accepté par le Parlement. Le texte voté, en 1902, par la Chambre des députés, les premières propositions apportées au Sénat par sa commission ne visaient que le repos hebdomadaire, un jour de repos sur sept, Mais, dès le début de la discussion générale au Sénat, des hommes comme MM. de Las Cases, de Lamarzelle, Dubief, Monis réussirent à faire triompher la thèse que venait de consacrer le Conseil supérieur du travail. La commission sénatoriale dut introduire dans son projet ce dimanche que si ardemment réclamait l'immense majorité des ouvriers et des employés.

Les défenseurs du dimanche pouvaient, à bon droit, revendiquer une liberté nécessaire aux ouvriers et employés catholiques. Ils faisaient aussi valoir l'intérêt pressant de la famille.

Le Ministre du commerce et de l'industrie, M. Dubief, dont on peut croire que l'intervention fut décisive, se plaçait particulièrement à ce point de vue. Il disait : « Nous nous sommes appliqués, lorsque nous avons fait la loi de 1900 sur le travail des enfants, des filles mineures et des femmes dans les manufactures, dont j'étais rapporteur à la Chambre des députés, à reconstituer l'unité et la liberté de la famille. C'est ce but qu'il faut poursuivre encore aujourd'hui dans le repos dominical.

« Si vous donnez par les roulements dont parlait l'honorable M. Poirrier, toutes espèces de facilités au patronat, si on peut se reposer dans les différentes usines ou dans les différents magasins à des jours différents, vous aurez dissocié une fois de plus les éléments de la famille. Ce que nous voulons, au contraire, c'est les réunir, les consolider, les rendre plus intimement unis que jamais (1). »

La loi du 13 juillet 1906 ne se contente pas d'interdire d'occuper dans un établissement industriel ou commercial un même employé ou ouvrier plus de six jours par semaine. Elle fixe, en principe, au dimanche le jour du repos hebdomadaire. Mais de trop nombreuses exceptions ont été admises à ce principe. L'application de la loi n'a pas donné aux ouvriers et employés tout ce qu'ils en attendaient.

Il est, tout d'abord, vite apparu que le repos de l'après-midi du samedi était, dans bien des cas, la condition même du repos du dimanche.

Nombreux sont les ouvriers que la prolongation du travail de fabrication jusqu'au samedi soir, oblige à faire revenir à l'usine le dimanche pour les travaux de répa-

---

(1) Séances du Sénat des 25 et 26 mai 1905.

ration ou d'entretien (1). Un industriel, M. Léon Harmel, écrivait, il y a quelques années : « Au point de vue industriel, le repos du dimanche n'existera véritablement tout entier que lorsque nous aurons la demi-journée du samedi (2). » Un autre industriel, M. Dominique Delahaye disait au Sénat, le 3 avril 1906 : « Il faut supprimer le travail de l'après-midi du samedi, si l'on veut qu'il y ait dans l'industrie un véritable repos dominical ».

La situation faite aux employés de commerce mérite particulièrement de retenir l'attention. Les statistiques dressées par l'inspection du travail constatent que plus des 2/3 des établissements commerciaux (les 9/10e des établissements commerciaux parisiens et lyonnais) n'ont pas

---

(1) M. Chassain de la Plasse décrivait ainsi la situation à Roanne avant l'introduction du repos de l'après-midi de samedi : « A Roanne, tous les ateliers mécaniques sans exception sont fermés le dimanche... Et pourtant le repos du dimanche n'existe véritablement pas.

« Dans l'usine même, quand les métiers se taisent, bien des ouvriers travaillent.

« Ce sont tous ceux qui sont préposés à la marche générale de l'usine.

« Les chauffeurs, les mécaniciens, les graisseurs, les menuisiers ont tous quelques avaries à réparer, quelques nettoyages à faire. Les gareurs doivent également mettre leurs métiers en état.

« Souvent aussi certaines réparations exigent le travail d'autres ouvriers étrangers à l'usine...

. . . .

« Fermez l'usine pendant la soirée du samedi, et tout change.

« Tous les travaux qui doivent se faire à l'usine en l'absence des tisseurs s'exécutent le samedi. Les chauffeurs, les mécaniciens, les graisseurs, les menuisiers, les gareurs n'ont plus rien à faire le dimanche. »

(*L'industrie roannaise et le chômage du samedi soir*. Roanne, 1879, pp. 2 et 10).

(2) M. Fénelon Gibon, *Le Dimanche de l'ouvrier*, p. 40.

donné à leur personnel le repos collectif du dimanche (1). On voit combien doit être grand le nombre des employés qui ne sont libres qu'une partie du dimanche ou condamnés par le roulement à n'avoir qu'un dimanche de loin en loin. De l'aveu de plus en plus général, le seul moyen d'augmenter sensiblement le nombre des employés de commerce bénéficiant du complet repos du dimanche, serait d'arriver à la fermeture des magasins le dimanche. Mais, tant que la réduction de la journée de travail du samedi n'aura pas permis à l'ouvrier de faire ses achats le samedi, la fermeture des magasins le dimanche se heurtera à de sérieuses difficultés.

Ces difficultés disparaîtraient avec la semaine anglaise. Libres l'après-midi du samedi, les ouvriers qui auraient reçu leur salaire le samedi matin ou mieux encore le vendredi pourraient faire pendant cet après-midi les achats qu'ils font trop souvent aujourd'hui le dimanche (2). Les employés que les nécessités de la vente au détail priveraient du repos de l'après-midi du samedi devraient recevoir un repos compensateur un autre jour de

---

(1) Dans l'industrie au contraire, les établissements donnant à leur personnel le repos collectif du dimanche représente les 93 °/° du total V. Ch. Berthomieu, *Le repos hebdomadaire dans le commerce.* Paris, 1914, notamment page 98 et s

(2) On lit dans la réponse faite à l'enquête de l'Office du Travail par la Chambre syndicale typographique de Beauvais : « Dans notre localité le marché a lieu tous les samedis. C'est un approvisionnement général. Les ouvriers touchant leur paye le samedi à midi, la femme ou mère de famille devient libre de son après-midi et ayant reçu l'argent des travailleurs de la famille, peut, à des prix meilleur marché, aller faire ses provisions pour une grande partie de la semaine. » *Enquête de l'Office du travail*, p. 238. — Une des conséquences de l'introduction de la semaine anglaise devrait être le transfert au samedi des marchés qui ont lieu jusqu'à présent le dimanche.

la semaine comme c'est aujourd'hui la règle légale en Angleterre.

Seule, la semaine anglaise assurera à beaucoup de travailleurs le repos du dimanche qu'ils n'ont pas encore. Seule aussi, dans bien des cas, elle permettra de faire du dimanche le plein jour de vie de famille que réclament employés et ouvriers.

Il en sera ainsi toutes les fois que la femme retenue à l'atelier, au bureau ou au magasin n'aura pu, dans le courant de la semaine, se libérer de la lourde tâche domestique qui lui incombe.

Différée de jour en jour, la besogne s'imposera, le dimanche venu.

« Il faut s'exécuter, aller laver le linge, le raccommoder, nettoyer la maison, faire les provisions, mettre le mobilier en bon ordre, préparer le dîner...

« L'heure du dîner arrive. Bien des choses restent à finir. Il faut encore travailler une partie de l'après-midi.

« Si tout est fini un peu plus tôt, la femme, surmenée, n'a plus le courage de s'occuper d'elle et de sa toilette. Elle renonce à s'habiller et reste à la maison. Le mari qui s'ennuie la quitte et s'en va boire. Les enfants rôdent aux alentours et amusent leur oisiveté loin des yeux et de la surveillance de leurs parents.

« Le dimanche qui devait être un jour de repos, le jour de Dieu et de la famille, n'est plus que le jour de la fatigue, de l'ennui et du cabaret (1). »

---

(1) *L'industrie roannaise et le chômage du samedi*, p. 7.

La Chambre syndicale ouvrière du textile de Rouen et de la région écrit : « Pour nous, la cessation du travail le samedi à midi est une œuvre humanitaire A Rouen, combien de mères de famille, qui, actuellement, sont forcées de se mettre au lavage le dimanche et ce bien avant l'heure habituelle de la semaine.

« Pour elles, le dimanche, ou repos hebdomadaire, est maudit

C'est un patron catholique, M. Grenot, qui prit l'initiative d'introduire la semaine anglaise à Roanne. Il avait constaté que les obligations que leur ménage imposait à ses ouvrières les empêchaient d'assister le dimanche aux offices religieux.

L'effort fait en vue de généraliser la semaine anglaise, est, on le voit, un effort pour reconstituer des foyers familiaux que menacent de ruiner les conditions du travail industriel et commercial et, spécialement, le travail de la femme hors de chez elle.

La semaine anglaise réalisée, nous serons loin encore de l'idéal de la femme chez elle. Nous aurons, tout de même, fait un pas dans cette voie, et grande, aussi bien que bienfaisante, paraît pouvoir être l'influence du repos commun d'un jour et demi qui serait garanti à la famille de l'ouvrier et de l'employé (1).

---

et combien de fois entendons nous de ces malheureuses ce cri de désespoir : « Je ne voudrais jamais voir venir le dimanche ». Enquête, p. 242.

Le Syndicat des ouvriers et ouvrières fileurs de Saint-Hipolyte-du Fort (Gard) : « Après une semaine de dur labeur, arrivées au foyer, un autre travail s'impose : c'est la corvée du ménage. Il n'y a pas pour nous, actuellement, de repos hebdomaire ». eod loc., p. 243.

M. Briat a reçu d'une Société coopérative de production, l'Industrie mécanique, une réponse qui nous apprend que cette Société pratique depuis plusieurs années la semaine anglaise et ajoute : « Nous ne cesserons pas de l'appliquer, car, à notre avis, cette façon d'opérer convient à tout le monde et permet à tous de profiter du dimanche et surtout aux camarades chargés de famille. Nous avions pas mal de camarades qui gardaient les gosses, la femme étant au lavoir ; aujourd'hui c'est l'opération du samedi. » Rapport Briat, p. XVIII.

(1) M. Pierre Dumas écrivait : « La famille dans ce qu'elle a de beau et d'éternellement vivant est détruite, diminuée tout au moins, par l'industrialisme qui arrache la femme au foyer et abandonne l'enfant à la rue.

« Cette tendance ne fait d'ailleurs que croitre ; les statistiques,

Il faut ajouter que la réduction de la durée du travail du samedi présenterait pour les enfants un intérêt particulier. On est généralement d'accord pour reconnaître que la journée de dix heures est excessive pour des enfants qui

---

les constatations que nous pouvons faire dans nos milieux nous démontrent que le nombre des femmes employées dans l'industrie croît sans cesse. Il me paraît donc inutile d'ergoter outre mesure pour savoir si la place de la femme est à l'atelier ou au foyer, une tendance existe et il ne semble pas que nous puissions la supprimer ou même l'enrayer. Tout ce que nous pouvons faire, pour l'instant, c'est d'en rendre les effets moins nocifs.

« Toute tentative de diminution de la durée du travail aura des résultats excellents, pour la femme d'abord, dont l'écrasant labeur se trouvera diminué d'autant ; pour toute la famille ensuite, qui en profitera largement par une naturelle répercussion...

« Cette mesure (le repos de l'après-midi du samedi) appliquée à l'homme n'aura pas des effets moins heureux ; ce sera un rapprochement plus complet des êtres composant la maisonnée : femme, enfant et compagnon pourront vivre d'une existence collective plus intense, plus intime. Le père ne sera plus pour ses enfants l'étranger dont on aperçoit quelques instants tous les soirs la mine fatiguée ou bourrue. Puis l'homme, pour conserver son foyer et pour l'éclairer, le rendre plus habitable, sera amené à prendre sa part des travaux qui sont exclusivement abandonnés à la femme. Il n'est plus possible à l'homme de se cantonner derrière le préjugé que les soins ménagers sont du ressort exclusif de la femme. Cela était bon du temps où celle-ci ne devait apporter à la petite communauté que ses talents de ménagère. Puisqu'elle doit, comme l'homme, être une salariée, passer dix heures à l'atelier, apporter sa paye, les travaux qui lui prenaient tout son temps doivent être partagés. Ce n'est pas un vague espoir que j'exprime, un vœu que j'émets, mais une constatation qui s'est imposée à beaucoup d'ouvriers qui en ont commencé l'application ».

Pierre Dumas. *La semaine anglaise* (*La vie ouvrière*, du 20 décembre 1911, p. 113).

peuvent n'avoir que douze ans (1). Il y a quelques années, M. Ét. Martin Saint Léon avait eu l'idée de demander leur avis à quelques-uns des médecins les plus spécialement initiés à l'étude de l'hygiène et des maladies de l'enfance. Les médecins dont les réponses ont été recueillies par M. Martin Saint Léon furent unanimes à condamner la législation actuelle. Le plus circonspect, celui dont l'avis est entouré de plus de réserves, le docteur Proust, déclare « qu'évidemment, en se plaçant au point de vue de l'hygiène, il y aurait lieu de ne pas demander à un enfant de douze à treize ans un travail industriel de dix heures par jour (2).

Pour les jeunes filles, la semaine anglaise leur permettrait de s'initier quelque peu à un art qui manque sou-

---

(1) On lit dans la réponse faite à l'enquête par la Chambre syndicale des ouvriers liniers et lainiers de Lisieux : « Pour les enfants du sexe féminin ou masculin, âgés de moins de 18 ans, le repos absolu est indispensable car, quand un enfant travaille continuellement soixante heures la semaine dans notre industrie, c'est courir à la perte de la santé de cette jeune génération. » Enquête p. 211.

(2) M. le docteur Grancher, professeur à la Faculté de médecine et membre de l'Académie de médecine écrivait à M. Martin, Saint-Léon : « Je n'hésite pas à vous répondre que le travail plein de dix heures exigé d'un enfant de treize à quatorze ans est une erreur antiphysiologique.

« Il faut à ces enfants *une demi-ration de travail et une double ration d'aliments.*

« C'est à peine si, à quatorze ans, un enfant peut supporter huit heures de travail et non dix. Du reste, à mon avis, la journée de huit heures s'impose et s'imposera même pour les adultes. »

V. Association nationale française pour la protection légale des travailleurs. — *L'âge d'admission des enfants au travail industriel, le travail de demi-temps.* (Rapport présenté par M. Ét. Martin-Saint-Léon, dans la séance du 11 mai 1903, Paris, Alcan, 1903).

vent complètement, paraît-il, à celles que le travail à l'atelier ou au magasin a, dès l'enfance, prises tout entières, l'art de tenir un intérieur, de soigner un ménage et ce serait grand profit pour les familles futures. M. Waddington disait au Sénat, en 1904 : « Quant aux filles, elles auront tout avantage à rester quelques heures de plus à la maison, heures qu'elles consacreront aux soins du ménage ou qu'elles emploieront à se perfectionner dans l'art de la couture, lequel, comme vous le savez, est fort négligé parmi nos populations ouvrières. » (1).

IV

Les objections

La plupart de ceux qui s'opposent à l'introduction du repos de l'après-midi du samedi dans la législation française ne méconnaissent pas les avantages qu'il présente, au moins pour les femmes et spécialement pour les mères de famille.

Pour les enfants et les hommes adultes, on prétend cependant souvent qu'ils ne profiteront de ce repos que pour fréquenter davantage les cabarets. C'est une opinion qui se rencontre à très fréquentes reprises, dans les réponses défavorables à la semaine anglaise recueillies à l'enquête de l'Office du travail. On lit, par exemple, dans la réponse de la Chambre de commerce de Besançon : « Il serait sans doute peu sage d'enlever l'ouvrier à son travail un après-midi, par semaine, en dehors du repos dominical, car ce serait l'envoyer une demi-journée de plus au cabaret dans la majorité des cas. Ici, l'avis le plus important et le plus légitime est celui des femmes, des mères

(1) Cité par M. Martinat, p. 168.

de famille. Le samedi soir, après la paie, leur est un moment trop cruel pour qu'elles veulent le faire commencer dès l'après-midi. La Chambre insiste su ce fait que dans une très grande maison de la région, les femmes ont supplié les patrons de supprimer le repos du samedi (1) ».

Nous ne sommes pas d'avis qu'il faille fermer les yeux sur les dangers de l'alcoolisme, ni s'étonner des appréhensions que manifestent, parfois, les femmes d'ouvriers. Des mesures peuvent et doivent être prises. Une des plus intéressantes serait la fixation de la paie au vendredi. Le 5 avril 1906, M. Dominique Delahaye demandait au Sénat d'inscrire dans la loi sur le repos hebdomadaire un article additionnel ainsi conçu : « La paie des ouvriers ou des employés, qu'elle soit hebdomadaire, de quinzaine ou mensuelle aura toujours lieu le *vendredi soir* (2) ».

---

(1) Enquête de l'Office du travail, p. 214. Le rapport de l'inspecteur fédéral suisse de la première circonscription pour 1912-1913 indique aussi qu'une grande fabrique de broderie a fait disparaître le repos de l'après-midi de samedi parce que les femmes d'un certain nombre d'ouvriers s'étaient plaint que leurs maris passaient au cabaret leur loisir nouveau. Le même inspecteur constate, cependant, que pendant les années 1912-1913, 28 établissements ont, dans la première circonscription, adopté ou étendu la pratique de la semaine anglaise. V. *Berichte der eidgenossichen Fabrik und Bergwerkinspektoren*, p. 39.

(2) M. Dominique Delahaye disait au Sénat : « J'attache à ce dernier amendement une importance particulière parce que je crois qu'il vous apporte la mesure la plus efficace — je dirai la seule efficace — pour déterminer l'application de la loi... Quel est le moyen pratique d'exécution par excellence ? C'est de dégager par le jeu de la liberté le travail des maisons de commerce, le travail des maraîchers, le travail des cultivateurs qui apportent leurs produits sur le marché. Pourquoi ce travail est-il doublé souvent le dimanche matin ? Pour une seule raison. C'est que l'ouvrier et l'employé touchent presque constamment leurs salaires le samedi soir. Comme tous ont des besoins

Les avantages de la paie du vendredi sont plusieurs fois rappelés dans les réponses faites à l'enquête de l'Office du travail (1).

---

urgents immédiats, ils s'en vont le dimanche matin faire leurs achats.

. . . .

« Je connais des patrons qui, déjà payent leurs ouvriers le vendredi soir.

« A l'époque où ils ont adopté cette mesure, ces patrons n'avaient pas pour but de diminuer le travail des maisons le dimanche matin parce qu'il n'était pas question alors de l'observation du repos du dimanche, mais ils l'ont fait dans le dessein de favoriser le meilleur emploi des salaires dans les familles de leurs ouvriers.

. . . .

« Il n'y a pas d'exemple dans les maisons que je connais, où la paye se fait le vendredi soir, que l'ouvrier ait quitté son établi ou son métier, le samedi matin, l'ouvrier, ayant déjà l'habitude du travail de la semaine, travaille invariablement le samedi ».

(1) Chambre syndicale des Entrepreneurs de l'Oise : « Pour réduire la journée de travail le samedi, il faudrait faire la paie le vendredi. » Enquête, p. 235. — Union ouvrière syndicale de l'industrie textile d'Halluin (Nord) : « Cela amènerait la paie du vendredi dans toutes les usines, qui est absolument nécessaire pour l'arrêt du samedi après-midi ; alors le mari aurait déjà passé avec sa semaine chez lui avant de pouvoir se rendre au cabaret, tandis qu'actuellement il touche le samedi, et le soir, au lieu de se rendre chez lui, il se rend à l'estaminet en face de l'usine. Cela donnerait un plus grand repos et plus rémunérateur et l'on ne verrait plus, comme maintenant, ce qu'on appelle la « Saint-Lundi ». Enquête p. 240.

Le Syndicat des corporations métallurgiques du pays de Montbéliard : « Il serait bon aussi que les paies se fassent le vendredi au lieu du samedi et celles qui se font le 15 ou le dernier du mois tombant le samedi se fassent également le vendredi ; la ménagère recevant la paie le vendredi, s'empresse d'en faire un emploi utile le samedi. » Enquête p. 246.

V. : *La paie du vendredi dans l'industrie et le commerce, Bulle-*

Mais faut-il parce que l'ouvrier peut, comme les autres, abuser des loisirs qui lui sont donnés, l'enfermer dans l'usine tous les jours, du matin au soir?

Nous croyons, d'ailleurs, qu'une réforme qui doit avoir pour effet de consolider la famille se traduira, en définitive, par une diminution plutôt que par un accroissement de l'alcoolisme. C'est l'opinion exprimée par beaucoup de syndicats ouvriers dans l'enquête de l'Office du travail. Voici comment le rédacteur de l'Enquête résume les réponses de ces syndicats.

« Prescrire que le repos hebdomadaire commencera dès l'après-midi du samedi c'est : 1° faciliter les réunions familiales du dimanche ; 2° arracher, par voie de consé-

---

tin des ligues sociales d'acheteurs, 3• trimestre 1914, p. 155. D'après une intéressante publication du *Deutschnationaler Handlungsgehilfen-Verband*, les inspecteurs du travail allemands seraient à peu près unanimes à déclarer qu'il serait beaucoup plus avantageux pour les ouvriers que le paiement des salaires n'eut pas lieu le samedi. A l'appui de cette affirmation, la publication en question cite un grand nombre d'extraits des rapports de l'inspection de l'industrie d'où il résulte qu'il s'est fait en Allemagne un important mouvement en faveur du transfert de la paie du samedi au vendredi. Le transfert a souvent eu lieu sur la demande des ouvriers. V. *Sonnabend-Frühschluss. Ein Weg zur wirklichen Sonntagsruhe, mit einem Anhang ueber den Lohnzahlungstag*, Hambourg, 1913.

Je relève encore dans le rapport de l'inspecteur fédéral suisse de la troisième circonscription : « Le paiement des salaires est plus fréquemment qu'autrefois placé à un jour quelconque de la semaine, tandis qu'autrefois il était, en règle, fixé au samedi. Cette modification s'est opérée, en partie, pour obtenir un meilleur service des banques mais aussi parce qu'on a observé que la pratique du « lundi bleu » par les ouvriers a été sensiblement diminuée par le changement du jour de paie » (*Berichte der eidgenossischen Fabrik und Bergwerkinspektoren*, 1912-1913, p. 155.

quence, l'homme à la fréquentation du cabaret, l'enfant au vagabondage de la rue.

....C'est diminuer l'alcoolisme et la pratique de la Saint-Lundi (1) ».

Cette diminution de l'alcoolisme a été plus d'une fois constatée à la suite de la réduction de la durée du travail, au moins quand cette réduction avait un caractère durable, permanent et non pas seulement occasionnel et passager (2).

En 1887, un fabricant suisse, M. Blocher, directeur d'une grande filature de soie appréciait les effets qu'avait eus sur les ouvriers la réduction de la journée de travail à onze heures imposée par la loi du 23 mars 1877 sur le travail dans les fabriques. Il disait : « Les effets des prescriptions légales sont jusqu'à aujourd'hui plus remarquables au point de vue moral qu'au point de vue physique...

« ... On avait craint chez nous de voir ces ouvriers user

---

(1) Enquête de l'Office du travail, p. XIII. On écrit, au nom du syndicat textile ouvrier de Lille : « Je garantis que si la semaine anglaise était appliquée, le patronat ne trouverait aucune diminution de production. Il n'y aurait qu'une chose : moins d'ivrognes dans la rue le dimanche et le lundi. » Enquête, p. 241.

Le syndicat libre du tissage de Voiron déclare : « L'alcoolisme, on le sait, a beaucoup augmenté dans les centres ouvriers où la femme est à l'usine ». Enquête, p. 241.

(2) M. Besse, disait au Conseil supérieur du travail : « A ma question, le docteur Legrain répondit : « Je suis à votre disposition pour aller soutenir à Lyon cette thèse que le repos du dimanche est contraire à l'alcoolisme, loin d'en être le pourvoyeur ; ce qui fait l'alcoolisme, ce sont les congés accordés de temps à autre, et qui font qu'il n'y a, dans les familles aucune sécurité, rien qui se tienne... rien qui puisse se préparer, rien qui permette au père, à la mère et aux enfants de sortir et de se distraire véritablement ». Compte rendu de la XXIIIe session, p. 76.

du loisir que leur assure la limitation de la journée de travail pour fréquenter plus souvent les cabarets et se livrer davantage à la débauche.

« Je n'ai rien remarqué de semblable. C'est lorsqu'on travaillait jour et nuit que j'ai constaté le plus grand libertinage. Alors se commettaient les fautes les plus graves, non seulement le dimanche et le soir, mais même à l'atelier, pendant le travail. La faute, sans doute, n'en était pas tout entière au travail beaucoup trop long et trop fatiguant, mais la mise en pratique d'une journée de travail plus courte, a eu pour conséquence l'introduction d'une discipline plus forte et, depuis, l'ivrognerie a été ramenée au minimum ». (1).

En ce qui concerne le repos de l'après-midi du samedi, les expériences déjà faites sont de nature à calmer les appréhensions.

C'est un fait que, depuis bientôt un siècle, la place prise par le repos de l'après-midi dans la législation et la pratique industrielle de l'Angleterre a été sans cesse s'élargissant. Nous avons vu comment, en Allemagne et en Suisse, ce repos de l'après-midi du samedi se développe chaque jour davantage en dehors des limites étroites dans lesquelles la loi l'a enfermé. Assisterions-nous à de pareils spectacles si ce repos avait eu les effets démoralisateurs que quelques-uns redoutent (2) ?

---

(1) A la suite de l'introduction de la journée de 8 heures pour un certain nombre de ses ouvriers, un industriel belge, M. Fromont, écrivait ceci : « Un autre résultat appréciable a été atteint : l'usage clandestin, à l'usine, de boissons alcooliques a été complètement extirpé et, même en dehors de l'usine, on peut dire que l'alcoolisme a presque totalement disparu ». V. FROMONT, *La journée de huit heures dans l'industrie chimique et métallurgique*, Liège, 1905, p. 80.

(2) En Suisse, dès 1900, l'inspecteur de la 1re circonscription écrit : « Les plaintes sur le mauvais emploi de cette liberté sont

En France, la seule expérience qui ait eu un caractère un peu général, c'est celle faite à Roanne.

L'Union textile ouvrière de Roanne déclare que : « Bien loin de s'adonner à l'alcoolisme, tout le monde s'occupe au sein de la famille, afin d'être prêt le lendemain au repos du dimanche qui sera alors un véritable jour de récréation, d'éducation, de joie et de repos réconfortant (1). »

On lit cependant dans le procès-verbal de la réunion tenue le 12 juillet 1913, par la Commission départementale du travail de Roanne et Montbrison : « M. le président de la Chambre de Commerce reconnaît qu'elle (la semaine anglaise) constitue une excellente mesure pour les femmes et les enfants, mais les hommes en profitent souvent pour aller au cabaret. M. Charbonnier est de cet avis ; il cite une opinion d'après laquelle l'adoption de la

---

devenues plus rares. On ne peut pas compter qu'elles disparaissent entièrement. Quels abus ne peut-il pas résulter aussi du repos du dimanche ?... La fréquentation des écoles par les apprentis ou d'autres jeunes gens, dans l'après-midi du samedi, a fait des progrès ». La même année, l'inspecteur de la IIIe circonscription écrit, de son côté : « Nous ajouterons encore quelques mots sur les expériences faites avec la liberté de l'après-midi du samedi. Les industriels ne se prononcent encore qu'avec quelque réserve : il paraît toutefois certain que nulle part on ne pense à revenir à l'ancien état de choses. Les inconvénients n'ont, nulle part, en réalité, apparu ou n'ont, au moins, en tout cas, pas apparu dans la mesure où on l'avait craint Dans une fabrique de machines, on eut même une agréable surprise, lorsqu'au lieu des abus qu'on attendait spécialement en ce qui concerne les jeunes gens on a vu la discipline s'améliorer, en même temps que ce que l'on appelait le « lundi bleu » cessait avec l'introduction du repos de l'après-midi du samedi. » (*Berichte der eidgenossischen Fabrik und Bergwerkinspektoren*, 1908-1909, pp. 48 et 197).

(1) Enquête de l'Office du travail, p. 242.

semaine anglaise serait une excellente mesure à condition qu'on fermât les neuf dixièmes des débits de boissons le samedi. »

Le procès-verbal continue, il est vrai, ainsi : « M. l'inspecteur divisionnaire dit qu'il ne faut pas généraliser, qu'au contraire beaucoup d'ouvriers profitent de ce moment de loisir pour s'occuper eux aussi, de leur intérieur. Les membres ouvriers l'approuvent et M. Charbonbonnier reconnaît qu'il en est ainsi, d'une façon générale, dans le personnel des employés de banque, qui dans la région, jouissent de la semaine anglaise depuis quelques années (1). »

Nous avons tout de même désiré avoir sur ce point, l'opinion d'un homme qui a, du premier jour, suivi l'expérience roannaise, M. Chassain de la Plasse. Celui-ci a bien voulu nous répondre le 30 avril 1914, une lettre dans laquelle tout en déclarant que ce qu'il me dit n'est guère possible à établir par des preuves certaines, il écrit : « Quant au reproche toujours fait de favoriser l'alcoolisme, il serait impossible de le justifier à Roanne. L après-midi du samedi, les hommes aussi bien que les femmes la consacrent aux travaux de la maison. Les jeunes gens et ceux qui n'ont point d'intérieur se livrent volontiers à la pêche et à la promenade.

« Il faut dire d'ailleurs que les patrons évitent soigneusement de faire la paie le samedi ».

Ce serait, d'ailleurs, semble-t-il, se tromper que de chercher dans la crainte de voir l'alcoolisme se développer l'explication de l'attitude prise par la grande majorité du patronat français.

M. Jacques Expert-Besançon écrivait récemment dans le *Bulletin de la Fédération des industriels et des commer*

---

(1) Enquête de l'Office du travail, p. 253.

çants français : « Les partisans de la semaine anglaise ayant présenté la pratique du repos du samedi après-midi comme un obstacle au développement de l'alcoolisme, les patrons ont répondu que la réforme pourrait bien avoir, au contraire, pour effet, d'en faciliter les progrès, mais ce n'est certes pas pour ce motif qu'ils ont repoussé la semaine anglaise, c'est uniquement parce qu'elle entraînerait une *diminution inévitable de la production*.

« Les patrons n'ont jamais nié, en effet, que l'adoption de la semaine anglaise, *si elle était possible*, présenterait, pour la femme surtout, de grands avantages, mais ils ont montré qu'on se heurtait à une *impossibilité économique absolue*. C'est là leur objection fondamentale (1). » Et c'est, en effet, cette objection qu'on rencontre, au premier plan, dans la plupart des réponses des Chambres de commerce et des syndicats patronaux que l'Enquête de l'Office du travail a reproduites (2).

(1) Fédération des commerçants et industriels français, *Bulletin mensuel*, n° 129, mai 1914, p. 302.

(2) Voici, par exemple, comment s'exprime la Chambre de commerce d'Abbeville : « On nous objectera l'essai réalisé par les banques et les sociétés de crédit, dont nous parlions tout à l'heure... Il n'y a, à notre avis, aucune analogie possible... Pour les industriels la conséquence de cette réduction de la semaine serait beaucoup plus grave, car elle aboutirait fatalement à une diminution de production, d'où élévation du pourcentage des frais généraux. Comme, d'autre part, la classe ouvrière n'admettrait pas de diminution dans les salaires, il s'en suivrait une nouvelle augmentation des prix de vente. » Enquête, p. 211.

M. Pralon disait au Conseil supérieur du travail : « La grosse, la très grosse objection, l'objection capitale que nous opposions à la réglementation, c'est ce que vous a dit, et si bien dit, hier M. Touron, à savoir que cette nouvelle réduction obligatoire s'appliquant à tous les métiers, sauf quelques rares dérogations, cette nouvelle diminution du travail d'une catégorie quelconque d'ouvriers et d'ouvrières, risquerait de mettre nos industries dans une situation extrêmement fâcheuse ». Conseil supérieur du travail, compte rendu de la XXIIIe session, p. 145.

Dans son ensemble, le patronat n'est pas, en principe, opposé à la semaine anglaise. Il suffirait pour le démontrer de rappeler la campagne menée de 1902 à 1904 et les déclarations faites au cours de cette campagne. On entendit alors les plus autorisés défenseurs des intérêts de l'industrie, insister sur les avantages que présenterait la semaine anglaise, non seulement pour les femmes, mais aussi pour les enfants et les hommes adultes. Au Sénat, le 22 mars 1904, M. Méline, après avoir cité les déclarations faites par M. Strohl au sujet des avantages de la semaine anglaise, ajoutait : « Par conséquent, en accordant cette demie journée aux ouvriers, vous êtes à peu près certains de répondre à leur pensée, à leurs désirs, à leurs véritables intérêts (1) ».

Hier encore, le 21 novembre 1913, les membres patrons du Conseil supérieur du travail proposaient à ce Conseil d'émettre un vœu demandant « que le Gouvernement insiste vivement auprès de la Chambre des députés, pour que soit adopté par elle, dans le plus bref délai possible, le projet de loi Waddington-Maxime Lecomte qui a été voté par le Sénat, en 1904, et qui faciliterait les tentatives de réduction du travail l'après-midi du samedi par l'adoption d'une réglementation hebdomadaire dont l'esprit est en concordance avec celui des propositions issues de la récente conférence de Berne (2) ».

Je ne suis pas éloigné de croire qu'aujourd'hui même,

---

(1) M. Waddington, lui, disait au Sénat : « Je ne veux pas abandonner le sujet sans affirmer ma conviction que la consécration d'un demi-jour de congé le samedi est un arrangement singulièrement favorable aux enfants. » Cité par M. R. Martinat, p. 168.

(2) La résolution présentée au nom des patrons fut repoussée par 24 voix (dont 23 ouvriers et un autre membre) contre 20 voix patronales.

nombre d'industriels se verraient sans trop de peine imposer l'obligation de réduire la journée de travail du samedi, si la loi les autorisait à reporter sur les cinq premiers jours de la semaine les heures dont aurait été diminuée cette journée.

Il serait malheureusement impossible de faire une pareille concession, sans enlever à la réforme presque tout son intérêt.

Les ouvriers ne veulent pas renoncer à la journée de dix heures.

Rendrait-on, d'autre part, service à la femme, à la famille, si, pour ramener cette femme, le samedi, quelques heures plus tôt à son foyer, on permettait de l'en tenir, chacun des cinq premiers jours de la semaine, une heure de plus, éloignée ?

Il resterait, en tout cas, à résoudre la question de l'enfant.

Les premiers textes apportés au Sénat, en 1903, autorisaient les industriels à occuper les enfants onze heures les cinq premiers jours de la semaine, tout comme les femmes et hommes adultes.

Le docteur Peyrot fit entendre une véhémente protestation : « Dix heures de travail pour un enfant de 12 à 16 ans, c'est déjà énorme, disait-il ; lui imposer 11 heures, cela dépasse tout ce qui est permis (1) ».

Le texte voté par le Sénat, le 24 mars 1904, faisait une exception pour les enfants de moins de quinze ans. Le paragraphe 2 du nouvel article 3 était ainsi rédigé : « Si le travail effectif est prolongé pour le personnel au-delà

---

(1) Séance du Sénat du 18 mars 1904. M. Millerand disait déjà, en 1900, au Sénat : « La disposition qui fixe à dix heures le travail de l'enfant est, j'oserai dire, sans enfler les mots, une disposition sacrée à laquelle il ne faut pas toucher. » Séance du 26 mars 1900.

de dix heures, les enfants âgés de quinze ans, jouiront de repos supplémentaires, de manière que leur travail effectif ne soit jamais supérieur à dix heures ».

On peut se demander comment, dans bien des cas, cette situation particulière faite à l'enfant de moins de quinze ans se concilierait avec l'organisation du travail de l'usine. Nous savons déjà, d'ailleurs, que soixante heures par semaine sont trop pour beaucoup d'enfants. Ce devrait être un des heureux résultats du repos de l'après-midi du samedi que de réduire une durée de travail reconnue excessive par les hygiénistes et les médecins.

La réforme que nous réclamons ne permettra pas de prolonger au-delà de dix heures la journée de travail des cinq premiers jours de la semaine.

Nous ne croyons pas, cependant, que même dans ces conditions, la réduction de la journée de travail du samedi doive toujours nécessairement entraîner une réduction de la durée totale du travail. Il me paraît que, dans bien des cas, des compensations seront possibles, qu'il y aura souvent *régularisation* plutôt que réduction. Il ne faut pas oublier qu'il est peu d'industries qui ne souffrent de chômages plus ou moins prolongés (1). Il ne faut sur-

(1) On lit dans la réponse du Syndicat des ouvriers mégissiers de rivière d'Annonay : « Comme depuis plusieurs années, il existe un chômage permanent dans notre industrie, puisque nous faisons en moyenne trente ou quarante heures de travail par semaine, nous prévoyons que la perte d'une demi-journée de travail le samedi aurait pour conséquence d'amoindrir le chômage les autres jours de la semaine. Résultats probables pour nous : travail et repos plus réguliers. » Enquête p. 239. Association syndicale textile de Troyes : « La plupart des ouvriers du textile (bonneterie, bas, chaussettes, caleçons, maillots, etc.), ont tous les ans un chômage minimum de trente à trente-deux jours. Cette réforme ne pourrait que réduire ce chômage. » Enquête, p. 244.

tout pas oublier que, dans certaines régions, le repos du lundi a pris un incroyable développement. Dès à présent, la lutte est, dans le Nord, engagé entre la semaine *flamande* ou *belge* caractérisée par le chômage du lundi et la semaine anglaise (1).

Lors même que l'introduction de la semaine anglaise entraînera une véritable réduction de la durée du travail hebdomadaire, cette réduction ne se traduira pas fatalement par une diminution durable, définitive, de la production encore moins par une diminution durable, définitive, des salaires.

Nous entendons aujourd'hui rééditer les prédictions qu'il est, à toute époque et en tout pays, coutume d'opposer à toute proposition de la réduction de la durée du travail. Ces prédictions ont souvent ralenti les progrès de la législation du travail. Elles n'ont pas cependant réussi à les arrêter et l'expérience a pu, ainsi, les démon-

---

(1) L'Union syndicale des ouvriers et employés métallurgistes du bassin de Maubeuge déclare : » La semaine anglaise serait, à notre avis, une chose idéale, à la condition toutefois que « la saint lundi » soit abandonnée par les ouvriers en particulier les métallurgistes, chez qui cette coutume est difficile à corriger.

« Remettre en honneur chez l'ouvrier la pratique du travail du lundi et lui rendre ce temps libre à la fin de la semaine constituerait, à notre avis, une réforme éminemment sociale. » Enquête, p 246. Le rédacteur de la réponse de l'Union syndicale de la métallurgie d'Onnaing indique quels seraient les heureux effets de la réduction à huit heures de la journée de travail du samedi et ajoute : « J'allais omettre de dire que la « Saint Lundi » qui est déjà beaucoup disparue ici le serait entierement. » Enquête, p, 247.

On lit dans le procès-verbal des séances tenus les 17 et 29 mars 1913, par la Commission départementale du travail des Ardennes : « Les membres ouvriers de leur côté, sont d'avis que le chômags du samedi après midi entraînerait l'abandon de celui du lundi, car il favorise davantage le repos de l'ouvrier, la vie de famille et l'intérêt général. » Enquête, p. 249.

tir sans cesse. Depuis 80 ans, nous voyons la réduction progressive de la durée du travail coïncider avec l'augmentation progressive de la production et des salaires.

On sait quelles appréhensions souleva, en 1904, l'introduction de la journée de dix heures. Ils étaient déjà nombreux à cette époque, les industriels qui affirmaient qu'ils étaient au bout de leur rouleau, que, s'ils avaient pu jusque-là supporter sans dommage les réductions de la durée du travail qui leur avait été imposées, c'était grâce aux perfectionnements introduits dans leur outillage, au mouvement plus rapide qu'ils avaient imprimé à leurs machines, mais qu'aucun perfectionnement nouveau de l'outillage, aucune augmentation nouvelle de l'intensité du travail n'étaient plus possibles.

Et cependant, les années qui ont suivi la dernière application de la loi de 1900 n'en ont pas moins été pour l'industrie française en général et notamment pour l'industrie textile que cette loi touchait d'une façon particulière des années de remarquable prospérité. La loi de 1900 n'a pas compromis l'industrie française, n'a pas entraîné une baisse durable des salaires.

Qui croira que, depuis lors, la science a dit son dernier mot, et qu'il est aujourd'hui devenu définitivement impossible d'attendre des progrès de l'outillage ou de l'organisation du travail, la compensation de la diminution de la durée du travail (1)?

---

(1) Déjà on peut citer, en France même plus d'un établissement dans lequel la réduction de la durée du travail du samedi sans augmentation de la durée du travail des jours précédents, a donné satisfaction aux patrons comme aux ouvriers. (V. le rapport de M. Briat, p. XIV).

M. Briat disait au Conseil supérieur du travail : « Au cours de l'enquête, j'ai été frappé de ce fait, qui m'a été signalé dans un certain nombre de lettres, que dans la grande majorité des indus-

En réduisant la journée du travail du samedi, tout en maintenant la journée de dix heures, le législateur français ne s'engagera pas dans une voie inexplorée.

Plusieurs de nos concurrents nous ont précédé dans la voie où nous voudrions voir le législateur français s'engager. L'effet des lois garantissant aux ouvrières le repos de l'après-midi du samedi est déjà de réduire à 58 heures la durée de leur travail hebdomadaire en Allemagne, en Grèce, en Hollande, à 55 h. 1/2 dans les fabriques textiles anglaises. En Angleterre, en Hollande, en Grèce, les jeunes ouvriers bénéficient de la même protection. Demain, nous l'avons vu, tous les travailleurs des fabriques suisses, hommes adultes comme enfants et femmes ne pourront, en règle générale, travailler plus de 59 heures par semaine. La crainte de la concurrence internationale ne saurait, dans ces conditions, justifier la complète abstention du législateur français (1). Pouvons-nous refuser aux travailleurs français ou subordonner à la conclusion d'une convention internationale, les avantages dont jouissent, dès l'heure actuelle les travailleurs anglais, allemands, hollandais et grecs ?

---

tries étrangères qui sont venues s'installer en France, on applique la semaine anglaise. Voici donc des capitalistes anglais qui viennent monter une usine à Paris où dans les environs : ils se trouvent dans les mêmes conditions que nos industriels et cependant ils appliquent, dès le début, la semaine anglaise . .

. . . .

« Les Français ne peuvent-ils pas faire comme les étrangers ? Sont-ils plus incapables de lutter contre la concurrence, dans les mêmes conditions que ces derniers ? Je ne le pense pas. » Compte rendu de la XXIIIe session, p. 149.

(1) M. Arthur Fontaine, Directeur du Travail, disait au Conseil supérieur du travail : « L'opinion serait également favorable, me semble-t-il, à une convention internationale. Mais les pays les plus avancés, comme l'Angleterre, l'Allemagne et la France peuvent déjà, en ce qui touche la femme, faire un certain effort. » Compte rendu de la XXIIIe session, p. 163.

L'argument prend une force nouvelle si l'on songe au développement qu'a déjà, en dehors de toute intervention législative, pris le repos de l'après-midi du samedi, même pour les hommes adultes, dans des pays comme l'Angleterre et les Etats-Unis. Rappelons encore que les dernières statistiques du Board of Trade semblent démontrer que ce n'est pas seulement l'ouvrier anglais mais encore l'ouvrier allemand qui, au moins, dans certaines industries, a vu réduire la durée de son travail plus que l'ouvrier français (1).

Je sais que, pour ne pas suivre les exemples donnés à l'étranger, on invoque les conditions particulières de la population française, la rareté ou même parfois l'infériorité de la main-d'œuvre française. Je ne rappellerai pas.

(1) V. *Bulletin de l'Office du travail*, mars 1909. La question suivante avait été posée dans l'enquête récente de l'Office du travail : Etes-vous d'avis que la réalisation de cette réforme doive être subordonnée à une entente internationale préalable ? 262 organisations, écrit le rédacteur de l'enquête, se sont prononcées pour l'utilité ou la nécessité d'une convention internationale dans le cas où la semaine anglaise serait rendue obligatoire et 111 se sont prononcées contre. » (Enquête, p. XVI). Mais il n'est guère, à notre avis, permis d'attacher quelque importance à cette constatation. 915 organisations ont négligé de répondre à la question. Parmi elles, on compte 462 syndicats ouvriers et on sait que les syndicats ouvriers sont en grande majorité favorables à la semaine anglaise. Sur les 145 syndicats ouvriers qui ont répondu à la question, 80 ont répondu oui et 65 non. Enquête de l'Office du travail, pp. 16 et 17).

Pour le commerce, M. Artaud a de façon fort intéressante montré au Conseil supérieur du travail que « bon nombre d'objections soulevées pour l'industrie n'existent pas pour le commerce. » Il disait notamment : « Il n'y a pas non plus à craindre ce spectre terrifiant qu'on vous a déjà présenté, de la concurrence étrangère : celle-ci n'a pas beaucoup de prise sur le commerce de vente en gros et au détail. » V. *Compte rendu de la XXIIIe session*, p. 47.

les contradictions que certaines de ces affirmations ont soulevées. J'estime, en effet, que, si la situation était telle que quelques-uns la dépeignent, cette situation même constituerait le plus formidable des arguments en faveur de l'immédiate introduction de la semaine anglaise.

M. Godart écrit dans les premières pages de son rapport :

« La seule solution est dans un meilleur aménagement du travail, dans son intensification raisonnée, dans la fixation de sa durée quotidienne en tenant compte des observations physiologiques, dans l'augmentation des repos et des loisirs qui permettent la reconstitution régulière des forces, la vie familiale et l'instruction.

« La France, pour maintenir son rang, a besoin de relever sa natalité, de faire reculer la mortalité infantile. Pour cela, la femme doit être rendue à son foyer le plus longtemps possible. L'ouvrière a besoin de plus de liberté que ne lui en donne l'usine qui la garde dix heures par jour (1).

« Combattre la tuberculose est l'entreprise la plus nécessaire de l'heure présente. Dans ce but, la diminution des heures de travail, l'établissement de longs repos. grâce auxquels les intérieurs peuvent être entrenus de façon saine, des distractions peuvent être prises au grand air, sont des mesures efficaces.

« L'alcoolisme est plus un mal social qu'un vice individuel. Il est causé par le surmenage, par le manque de loisirs suffisants qu'on puisse employer avec intelligence, par le peu d'attrait des logis que la ménagère ouvrière est dans l'impossibilité de soigner convenablement.

(1) V. les observations présentées dans le même sens par M. Briat au Conseil supérieur du travail. Compte rendu de la XXIIIe session, p. 149.

Faire disparaître ces causes serait sûrement diminuer l'emprise de l'alcool. »

Ce n'est pas en maintenant, malgré tout, des conditions de travail qui risquent de compromettre la famille ouvrière et, avec elle, le développement physique et l'éducation du travailleur de demain qu'on préparera à l'industrie française les ouvriers supérieurs qu'elle réclame (1).

---

(1) On parle beaucoup de la supériorité de l'ouvrier anglais. On n'a peut-être pas recherché assez les causes de cette supériorité. Il en est qui affirment que ces causes, il ne faut pas les chercher ailleurs que dans la réduction de la durée du travail dont bénéficie depuis longtemps l'ouvrier anglais, réduction de la journée du travail jointe d'ordinaire à un salaire assez élevé.

« En 1830, écrit Mme Sidney Webb, les ouvriers du coton étaient soumis à un régime de *sweating* aussi fâcheux que celui qu'on rencontre aujourd'hui dans l'Est-Sud de Londres. Une concurrence qu'aucune règle ne limitait, avait, en un demi siècle, produit une masse de créatures pâles et rabougries, émaciées, de vies irrégulières et d'habitudes dissolues. Leur situation paraissait si désespérée que pour les croyants du *laissez faire*, il semblait, comme Henriette Martineau l'avouait, « que, la seule chose à espérer était la disparition de cette race au bout de deux ou trois générations. » Heureusement, l'avis d'Henriette Martineau ne fut pas suivi, et l'on tenta cette expérience de soumettre l'industrie du coton à des règles obligatoires pour tous et précises sur les salaires, les heures de travail, la salubrité des ateliers. Depuis 1833, ces règles ont été rendues sans cesse plus rigoureuses, soit par la loi, soit par les contrats collectifs intervenus. Le résultat a été merveilleux. Au cours du demi-siècle qui a suivi, les travailleurs sweated sont devenus progressivement des hommes et des femmes énergiques, sûrs et maîtres d'eux-mêmes, travaillant avec une efficacité, une rapidité sans égales, pendant la durée strictement limitée de leur travail... » Mme Sidney Webb, *The case for the Factory Acts*, p. 46.

M. Albert de Mun rappelait, le 5 juillet 1890, à la Chambre des députés, le développement de la législation protectrice du travail en Angleterre et ajoutait : « Voilà le secret de l'intensité du travail et de la supériorité de la race. »

Conclusion

Nous n'avons voulu, dans ces quelques pages, ni étudier et comparer, dans leurs détails, les propositions dont le Parlement se trouve actuellement saisi, ni rechercher quelles seraient les mesures transitoires, les exceptions, les régimes spéciaux nécessaires. C'est une œuvre que notre Association aura à aborder ultérieurement. Nous avons seulement voulu exposer l'état de la question et marquer une orientation. Nous pouvons et devons demander au législateur d'assurer le bénéfice d'une réduction de la journée du travail du samedi non seulement aux femmes mais encore aux enfants et aux hommes adultes. Nous ne méconnaissons cependant, ni l'urgence particulière que présente l'intervention en faveur des femmes, ni les raisons qui font que la liberté de toute l'après-midi du samedi leur est tout spécialement nécessaire. C'est dans cet esprit que nous avons rédigé le vœu suivant :

Considérant :

1° Que la réduction de la durée de la journée de travail du samedi est la condition du repos collectif du dimanche pour beaucoup de travailleurs ;

2° Que soixante heures de travail hebdomadaire sont trop pour des enfants ;

3° Que le repos de l'après-midi du samedi permettra à la femme de se libérer en semaine de sa tâche domestique et de consacrer à la vie de famille le dimanche tout entier et aidera ainsi à la reconstitution du foyer familial compromis par le travail de la femme hors de chez elle ;

L'Association nationale française pour la protection légale des travailleurs,

émet le vœu, que, sans prolongation de la durée du tra-

vail des autres jours et sous la seule réserve des exceptions et régimes spéciaux jugés indispensables, la loi réduise pour tous les travailleurs de l'industrie et du commerce la journée de travail des samedis et veilles de jours fériés;

et appelle particulièrement l'attention du Parlement sur l'intérêt social et national qu'il y aurait à garantir le plus tôt possible à la femme la pleine liberté de l'après-midi du samedi.

DISCUSSION

Assemblée générale du 28 mai 1914

Présidence de M. MILLERAND et de M. LORIN

[M. Raoul Jay présente un résumé du rapport qui précède].

M. le président. — Je me fais votre interprète à tous pour remercier M. Jay du très intéressant rapport dont il vient de nous donner communication.

La discussion générale est ouverte.

M. Marlio. — J'ai demandé la parole, non pas pour combattre les conclusions de M. Jay, mais simplement pour signaler à quelles difficultés se heurte la réalisation de la réforme en faveur de laquelle M. Jay vient de plaider si éloquemment.

La grosse difficulté — et M. Jay l'a très bien compris — réside dans l'opposition qui existe entre patrons et ouvriers. Le motif que donnent les patrons — à côté d'autres raisons accessoires — c'est que, dans l'état actuel des choses, il leur est impossible, ou tout au moins très difficile, très préjudiciable, de réduire le nombre des heures de travail de la semaine. Leur manière de voir s'appuie tout d'abord sur le rendement comparé de l'ouvrier français et de l'ouvrier étranger. Il est malheureusement difficile de ne pas conclure, comme on le fait généralement, c'est-à-dire dans le sens d'une moindre productivité horaire de l'ouvrier français. Chaque fois que des enquêtes approfondies ont été faites sur ce point — et je rappelerai, entre autres, celle qui a été faite il y a 4 ou 5 ans par la Commission de la Marine marchande pour les chantiers maritimes — on est arrivé à constater qu'en France la production par ouvrier était inférieure de 10 à 15 % comparativement à l'ouvrier anglais. Des enquêtes ont également été faites pour établir des comparaisons entre les mineurs français et les mineurs anglais, allemands ou belges ; les résultats ont été analogues.

Par conséquent, nous sommes en présence d'un fait incontestable. Peut-être, et M. Jay a eu raison de l'indiquer — la situation quelque peu inférieure, la moins-value, au point de vue productivité, de l'ouvrier français tient-elle dans une certaine mesure, à un régime hygiénique insuffisant ? On ne peut, néanmoins pas dire, selon moi, que cette infériorité en production tient uniquement à l'insuffisance de l'hygiène ou à l'excès de travail, car on la constaté également, dans la région du Nord, dans des chantiers qui ont la semaine flamande, équivalente à la semaine anglaise puisque les ouvriers ont le repos le lundi matin.

Espérons néanmoins que le développement de la législation sur l'hygiène, qui fait des progrès considérables, que l'application de plus en plus étendue de la loi de 1903 sur la santé publique, amèneront par rapport à la situation actuelle une certaine amélioration.

Le second point à signaler, c'est le vote de la loi de trois ans qui a créé une situation extrêmement difficile au point de vue de la main-d'œuvre. Lorsque pour une raison supérieure — et je n'entends en rien critiquer la loi qui a été votée — on retire brusquement des chantiers une des vingt-cinq ou trente générations qui travaillent d'une façon intensive, ce seul retrait d'une force de travail si considérable a — on le comprend aisément — une répercussion extrêmement sérieuse. La conséquence se fait immédiatement sentir : c'est une diminution dans la production ouvrière dûe à une raréfaction de la main d'œuvre.

Je crois donc que les patrons ne sont pas tout à fait en dehors de la vérité lorsqu'ils craignent — au moins dans les circonstances actuelles — qu'une diminution des heures de travail de la semaine n'aient pour eux des conséquences dommageables.

Ce que je demande, c'est, s'il n'est pas possible, au moins dans certaines industries, où l'on n'utilise pas, chaque jour, le maximum légal de la durée de travail, d'obtenir une diminution de la journée du samedi, c'est-à-dire l'adoption de la semaine anglaise plus ou moins complète, sans dépasser la limite hebdomadaire de soixante heures que l'on suggère comme un maximum. Il y aurait lieu de rechercher un modus vivendi.

Je me rallie complètement aux observations de M. Jay lorsqu'il présente comme une mesure d'une urgence encore plus grande et d'uue plus grande valeur sociale le repos du samedi pour la femme. Ce n'est plus ici une question de rendement industriel, c'est une question sociale, une question familliale, une question morale. En effet, si la femme travaille toute la journée, le samedi y compris, pendant dix heures par jour, elle ne peut rien faire dans son foyer. C'est parce que le foyer sera mal tenu, les repas mal préparés, les enfants mal vêtus, que l'ouvrier prendra l'habitude de déserter la maison familiale; il ne trouvera pas chez lui les satisfactions auxquelles il a droit, une fois son travail accompli, et c'est le cabaret qui en bénéficiera. L'alcoolisme constitue un danger tellement grave, que je crois qu'en ce qui concerne les femmes on ne peut que donner son appui au vœu formulé par M. Jay.

M. Faure. — Mais vos observations ne s'appliquent qu'aux femmes mariées.

M. Fonlupt. — On ne peut pas demander aux industriels d'entrer dans de semblables détails, de s'enquérir pour savoir à quelle catégorie de femmes ils s'adressent. Il est déjà extrêmement difficile, dans certaines industries comme le textile, de faire une distinction entre l'homme et la femme ; si vous compliquez encore le système, si vous obligez les industriels à faire une nouvelle distinction entre la femme mariée et la femme non mariée, vous n'obtiendrez pas de résultat.

M. Jay. — En dehors des difficultés pratiques qu'il y aurait à distinguer entre la femme mariée et celle qui ne l'est pas, il y a, pour écarter toute distinction de ce genre une raison qui me parait très forte. Si on veut avoir des ménagères il faut permettre aux jeunes filles d'apprendre ce que c'est que tenir un ménage. Dans certaines régions, la jeune fille entre à l'atelier ou au magasin à 13 ou 14 ans et n'a plus ensuite aucune occasion de se former au rôlequ'elle aura à remplir dans son intérieur, comme épouse et comme mère. Dans l'enquête sur l'industrie textile, on'a entendu, à ce sujet, des plaintes terribles.

J'estime donc que pour les jeunesfilles aussi la semaine anglaise a un très grand intérêt ; cette semaine anglaise leur permettra de se préparer un peu plus au rôle qu'elles auront la plupart à remplir.

M. Bernard de Francqueville. — Le grand intérêt de la semaine anglaise est de laisser à l'ouvrier et à l'ouvrière le libre emploi d'une partie de l'après-midi du samedi pour les acquisitions.

Ne serait-il pas possible, au lieu de faire, dans la semaine, des journées de travail plus longues pour regagner les quelques heures accordées le samedi, d'organiser, le samedi, une journée qui commencerait plus tôt? Dans bien des cas, je crois qu'il serait possible de commencer la journée une ou deux heures plus tôt; ainsi, on n'aurait pas surchargé, chaque jour, la journée de travail de l'ouvrier; le samedi on finirait la journée une ou deux heures plus tôt, et l'on aurait la durée normale de la journée, tout en donnant à l'ouvrier, à l'ouvrière quelques heures pour faire les provisions nécessaires.

M. Briat. — Si vous créez un régime différent pour les femmes mariées et pour les jeunes filles, les industriels qui ne se soucient pas d'avoir des ennuis, mettront à la porte les femmes mariées pour n'employer que des jeunes filles. Je ne crois pas que ce soit ce que nous désirons.

On a parlé d'une infériorité dans la production des ouvriers français comparés aux ouvriers d'autres nationalités. Je ne parlerai pas des mines, ni des constructions maritimes, mais simplement de la mécanique, que j'ai été à même d'observer personnellement. Or, dans beaucoup d'industries se rapportant à la mécanique, les ouvriers français sont préférés aux ouvriers anglais ou allemands. A l'occasion de la dernière exposition internationale de Londres, j'ai pu constater que tous les industriels recherchaient les ouvriers français pour faire des installations.

Autre remarque : D'après les enquêtes qui ont été poursuivies, on a pu constater que les maisons étrangères installées en France, ont presque toutes introduit la semaine anglaise dans leurs établissements et dans des industries où, cependant, ils se trouvent en concurrence avec les industriels français. Je ne crois donc pas que les industriels français ont toujours raison de dire qu'ils ne peuvent pas établir la semaine anglaise chez eux, à cause de la concurrence, puisque, aux environs de Paris, et à Paris même, des quantités de maisons anglaises, allemandes ou belges ont adopté la semaine anglaise, et cela, depuis la fondation de la maison, le plus souvent.

Je pense que, par-dessus tout, les industriels ne sont pas partisans de la semaine anglaise, dans une certaine mesure, parce que beaucoup redoutent une nouvelle loi qui pourrait venir les gêner dans leur manière d'organiser le travail chez eux.

En ce qui concerne le repos des femmes, je dirai que c'est l'intérêt même des industriels que nous défendons lorsque nous demandons l'adoption de cette mesure. Si vous voulez assurer la conservation de la race, si vous voulez donner à l'enfant qui naît les soins nécessaires pour qu'il vive, il faut donner à la mère de famille la possibilité de s'occuper de lui.

A un autre point de vue, si vous voulez que l'ouvrier français s'élève, si vous voulez qu'il se crée un foyer, une famille où il se retrouve avec plaisir après sa journée de travail, il faut que la femme ait, le samedi, le temps de s'occuper de son ménage. Actuellement, beaucoup d'ouvriers ne sont jamais en contact avec leur femme et leurs enfants. Quelle vie de famille voyez-vous pour un ouvrier dont la femme, le dimanche, est obligée de s'en aller au lavoir? Si l'on veut reconstituer véritablement la vie de famille, il faut donner aux femmes la semaine anglaise.

J'ai appuyé le vœu particulièrement en ce qui concerne les femmes parce que je considère que nous sommes là en face d'une question qui prime tout. Mais, afin d'obtenir plus aisément satisfaction, je crois qu'il serait plus sage de séparer la proposition concernant les femmes de celle concernant les adultes. L'adulte peut, de plus, se défendre plus facilement ; on peut considérer que l'adulte, par des commissions mixtes, des ententes, peut arriver à un résultat satisfaisant. D'autre part, il y a des professions dans lesquelles il est impossible d'appliquer une règle générale ; il y a même des professions au sujet desquelles on dira qu'il est tout à fait impossible de suspendre le travail le samedi après-midi ; mais je n'en vois aucune où il soit nécessaire de conserver la femme au travail.

Je vous demanderai donc, Monsieur Jay, d'examiner s'il ne serait pas plus pratique de séparer les adultes des femmes et des enfants.

M. Jay. — La réforme présente, je crois, un très grand intérêt, même en ce qui concerne les enfants et les hommes adultes. Pour les enfants, on reconnait très généralement qu'il y aurait un véritable intérêt à réduire la durée de leur travail. Soixante heures de travail par semaine sont trop pour eux. C'est l'opinion des hygiénistes, c'est aussi celle de beaucoup d'hommes politiques de tendances très diverses. Pour les hommes adultes, il est à craindre que tant que les ouvriers devront faire leurs achats le dimanche, le repos collectif du dimanche soit impossible pour beaucoup d'employés de commerce. J'ai déjà indiqué, d'autre part, comment, lorsque le travail de fabrication se prolonge jusqu'au samedi soir beaucoup d'ouvriers doivent revenir à l'usine le dimanche pour les travaux de réparation ou d'entretien.

La semaine anglaise doit avoir, à notre avis, deux effets : assurer le repos collectif du dimanche à beaucoup de travailleurs qui ne l'ont pas, et puis, permettre de donner un caractère familial à ce repos collectif.

Pour obtenir ce double résultat, il est nécessaire de réduire la durée du travail pour les hommes comme pour les femmes. Ce que j'admets, c'est que, si le but ne pouvait être immédiatement atteint pour tous, il conviendrait de commencer par la femme.

Peut-être pourrait-on compléter le texte de M. Chéron par celui de M. de Mun.

Je ne vous propose pas aujourd'hui de texte de loi. Il faudra revenir sur les détails de la question. Le vœu que je vous ai lu est seulement destiné à indiquer la voie dans laquelle il convient d'entrer.

[M. Jay relit le texte de son vœu].

M. Marlio. — Il faudrait, je crois, fixer un maximum, ou introduire le terme : la durée légale du travail.

M. Jay. — Nous sommes d'accord. Nous dirons : « ..... sans prolongation de la durée légale du travail. »

M. Viard. — N'y aurait-il pas moyen de réserver une place spéciale pour les employés de commerce ?

M. Jay. — C'est fait. Il est parlé des « travailleurs du commerce et de l'industrie ».

M. Viard. — Vous parlez de la « durée légale » ; cela paraît ne viser que les ouvriers de l'industrie, parce que, malheureusement, il n'existe dans le commerce aucune règle précise à ce sujet.

M. Jay. — Il me paraît impossible de faire plus dans un vœu sur la semaine anglaise. L'Association a plusieurs fois manifesté son opinion sur la question de la réglementation de la durée du travail des employés.

M. le Président. — Nous allons mettre aux voix le vœu qui vous a été proposé par M. Jay ; il est bien entendu encore une fois, que nous ne prétendons pas apporter ici la formule même d'un texte législatif, mais que nous voulons, avant tout, affirmer un principe et indiquer une orientation.

(Le vœu mis aux voix est adopté à l'unanimité).

TEXTE DES VŒUX ADOPTÉS

Considérant :

1° Que la réduction de la durée de la journée de travail du samedi est la condition du repos collectif du dimanche pour beaucoup de travailleurs ;

2° Que soixante heures de travail hebdomadaire sont trop pour des enfants ;

3° Que le repos de l'après-midi du samedi permettra à la femme de se libérer en semaine de sa tâche domestique et de consacrer à la vie de famille le dimanche tout entier et aidera ainsi à la reconstitution du foyer familial compromis par le travail de la femme hors de chez elle ;

L'Association nationale française pour la protection légale des travailleurs,

émet le vœu que, sans prolongation de la durée légale du travail des autres jours et sous la seule réserve des exceptions et régimes spéciaux jugés indispensables, la loi réduise pour tous les travailleurs de l'industrie et du commerce la journée de travail des samedis et veilles de jours fériés ;

et appelle particulièrement l'attention du Parlement sur l'intérêt social et national qu'il y aurait à garantir le plus tôt possible à la femme la pleine liberté de l'après-midi du samedi.

TABLE DES MATIÈRES

TABLE MÉTHODIQUE DES PUBLICATIONS

DE

l'Association Nationale Française pour la Protection Légale des Travailleurs

EN VENTE CHEZ F. ALCAN, éditeur, 108, boulevard Saint-Germain et Marcel RIVIÈRE, 31, rue Jacob

---

QUESTIONS GÉNÉRALES

L'Association internationale pour la protection légale des travailleurs et sa section française, par M. André LICHTENBERGER.

De la sanction par l'autorité publique des accords entre chefs d'entreprises commerciales et industrielles pour l'amélioration des conditions du travail, par MM. A. ARTAUD, membre du Conseil supérieur du Travail ; Maurice DESLANDRES, professeur à la Faculté de droit de l'Université de Dijon ; Justin GODART, député, 1912. — Une brochure, 80 p., in-16 (*Septième série*, n° 3). — **1** fr.

CONVENTIONS INTERNATIONALES DE TRAVAIL

La Conférence officielle de Berne (*Travail de nuit des femmes. — Emploi du phosphore blanc*), par M. A. MILLERAND, député, ancien ministre, 1905. — Une brochure, 20 p., in-16 (*Troisième série*, n° 2). — **0** fr. **60**.

La deuxième Conférence officielle de Berne (*Travail de nuit des jeunes ouvriers. — Journée de 10 heures*), par M. A. MILLERAND, député, ancien ministre, 1913. — Une brochure, 51 p. in-16 (*Nouvelle série*, n° 6). — **1** franc.

PROTECTION LÉGALE DES EMPLOYÉS

La protection légale de l'employé et la réglementation du travail des magasins, par M. A. ARTAUD, membre du Conseil supérieur du Travail, 1903. — Une brochure, 35 p., in-16 (*Première série*, n° 5). — **0** fr. **60**.

La réglementation légale de la durée du travail des employés, par M. Edgard DEPITRE, professeur à la Faculté de droit de l'Université de Lille. 1911. — Une brochure, in-16 (Publications de la section du Nord. *Sixième série bis*). — **1** fr. **50**.

Les Veillées dans le commerce, par M. Charles VIENNET, secrétaire général du Syndicat des Employés du commerce et de l'industrie, 1914. — Une brochure, in-16 (*Nouvelle série*, n° 8). — **1** franc.

Cf. Questions générales (*Accords entre chefs d'entreprises*). — Repos hebdomadaire (*Dérogations*).

INDUSTRIE A DOMICILE

La réglementation du travail en chambre, par M. F. FAGNOT, enquêteur à l'Office du Travail, 1904. — Une brochure, 60 p., in-16 (*Première série*, n° 7). — **0 fr. 60**

Le travail à domicile en France, par MM. PAUL PIC et A. AMIEUX, 1906 (*Rapport à l'Assemblée générale de Genève*). — **0 fr. 30.**

Le minimum de salaire dans l'industrie à domicile, par MM. B. RAYNAUD, professeur à la Faculté de droit de l'Université d'Aix-en-Provence; comte A. DE MUN, député; abbé MÉNY, 1912. — Un volume, 316 p., in-16 (*Septième série*, n° 1). — **2 fr. 50.**

Cf. AUXILIAIRES DE L'INSPECTION (*Ligue sociale d'acheteurs*).

RÉGLEMENTATION DU TRAVAIL DANS LES MARCHÉS DE TRAVAUX PUBLICS

L'application dans la région du Nord et la revision des décrets sur les conditions du travail dans les marchés des administrations publiques, par MM. BARGERON, inspecteur du travail, et MASSON, président du Syndicat des typographes de Lille, 1908. — Une brochure, 90 p., in-16 (Publications de la section du Nord. *Cinquième série bis*, n° 2). — **1 franc.**

LÉGISLATION DU TRAVAIL AUX COLONIES

La protection des travailleurs indigènes aux colonies, par M. RENÉ PINON, 1903. — Une brochure, 30 p., in-16 (*Première série*, n° 8). — **0 fr. 60.**

TRAVAIL DES ENFANTS

L'âge d'admission des enfants au travail industriel. — Le travail de demi-temps, par M. Et. MARTIN-SAINT-LÉON, bibliothécaire du Musée social, 1903. — Une brochure, 43 p., in-16 (*Première série*, n° 3). — **0 fr. 60.**

L'emploi des enfants dans les théâtres et cafés-concerts, par M. RAOUL JAY, professeur à la Faculté de droit de l'Université de Paris, 1904. — Une brochure, 17 p., in-16 (*Première série*, n° 9). — **0 fr. 60.**

La protection légale des enfants occupés hors de l'industrie. — I. La loi anglaise, par M. EDOUARD DOLLÉANS, 1906. — Une brochure, 68 p. in-16 (*Troisième série*, n° 4). — **0 fr. 60.**

La protection légale des enfants employés hors de l'industrie. — II. La loi allemande, par M. HENRY MOYSSET, 1906. — Une brochure, 60 p., in-16 (*Troisième série*, n° 5). — **0 fr. 60.**

La protection légale des enfants occupés hors de l'industrie. — III. La situation en France, par MM G. MÉNY, PAUL GEMAHLING, Mlle BLONDELU, MM. GEORGES PIOT, RAOUL JAY, LÉON VIGNOLS, 1906. — Une brochure, 103 p. in-16 (*Troisième série*, n° 6). — **0 fr. 60.**

Le travail de nuit des adolescents dans l'industrie française, par M. Et. MARTIN SAINT-LÉON, bibliothécaire du Musée social, 1900. — Une brochure, 55 p., in-16 (*Rapport présenté à l'Assemblée générale de Genève*). — 0 fr. 60.

Le travail de nuit des enfants dans les usines à feu continu, par M. F. FAGNOT, enquêteur à l'Office du Travail, 1908. — Une brochure, 56 p., in-16 (*Rapport présenté à l'Assemblée générale de Lucerne*). - 0 fr. 60.

Le travail industriel des enfants, par M. Georges ALFASSA, 1908. — Une brochure, 37 p., in-16 (*Rapport présenté à l'Assemblée générale de Lucerne*). — 0 fr. 60.

Le travail de nuit des enfants dans les usines à feu continu, par M. LÉVÊQUE, inspecteur du travail, 1909. — Une brochure, 48 p., in-16 (Publications de la section du Nord (*Sixième série bis*, n° 2.) — 0 fr. 60.

Le travail de nuit des enfants dans les usines à feu continu, par M. l'abbé LEMIRE, député, 1910. — Une brochure, 54 p., in-16 (*Sixième série*, n° 4). — 1 franc.

La réduction du nombre des enfants employés la nuit dans les verreries, par M. LÉVÊQUE, inspecteur du travail, 1911. — (Publications de la section du Nord. *Sixième série bis*, n° 2). — 1 fr. 60.

La deuxième Conférence officielle de Berne (*Travail de nuit des jeunes ouvriers, — Journée de 10 heures*), par M. A. MILLERAND, député, ancien ministre, 1913. — Une brochure, 51 p., in-16 (*Nouvelle série*, n° 6). — 1 franc.

Cf. — Accidents du Travail.

TRAVAIL DES FEMMES

La protection légale des femmes avant et après l'accouchement, par M. le docteur FAUQUET, 1903. — Une brochure, 29 p., in-16 (*Première série*, n° 1). — 0 fr. 60.

La Conférence officielle de Berne (*Travail de nuit des femmes*), par M. A. MILLERAND, député, 1905. — Une brochure, 20 p., in-16 (*Troisième série* n° 2). — 0 fr. 60.

De l'extension de la loi du 29 décembre 1900 aux femmes employées dans l'industrie, par Mme DE LA RUELLE, inspectrice du travail, 1906. — Une brochure, 36 p., in-16 (*Troisième série*, n° 7). — 0 fr. 60.

La protection de la maternité ouvrière, par MM. Paul STRAUSS, sénateur, et Louis MARIN, député, 1912. — Une brochure, 100 p., in-16 (*Septième série*, n° 2). — 1 franc.

Cf. — Industrie à domicile. — Durée du travail *(Deuxième Conférence officielle de Berne).*

DURÉE DE LA JOURNÉE DE TRAVAIL

La réglementation hebdomadaire de la durée du travail. — Le repos du samedi, par MM. Ivan STROHL, industriel, et F. FAGNOT, enquêteur à l'Office du Travail, 1903. — Une brochure, 39 p., in-16 (*Première série*, n° 2). — 0 fr. 60.

La réglementation de la durée du travail dans les mines, par M l'abbé LEMIRE, député, 1904. — Une brochure, 44 p., in-16° (*Première série*, n° 6). — 0 fr. 60.

La durée légale du travail. — Des modifications à apporter à la loi de 1900, par MM. FAGNOT, enquêteur à l'Office du Travail; MILLERAND, député, et STROHL, industriel, 1905. — Un volume, 300 p., in-16 (*Deuxième serie*). — 2 fr. 50.

Le contrôle de la durée du travail, par M. GEORGES ALFASSA, 1905. — Une brochure, 59 p., in-16 (*Troisième série,* n° 3). — 0 fr. 60.

La limitation de la journée légale de travail en France, par M. RAOUL JAY, professeur à la Faculté de droit de l'Université de Paris, 1906. — Une brochure, 92 p., in-16 (*Rapport à l'Assemblée générale de Genève.* — 0 fr. 60.

L'organisation du travail dans les usines à feu continu, par M. P. BOULIN, inspecteur divisionnaire du travail, 1912. — Une brochure, 48 p., in-16° (*Rapport présenté à l'Assemblée générale de Zurich*). — 1 fr.

La réglementation du travail dans les usines à marche continue, par M. F. FAGNOT, enquêteur à l'Office du Travail, 1913 (*Nouvelle série,* n° 1). — 1 fr. 50.

La deuxième Conférence officielle de Berne (*Travail de nuit des jeunes ouvriers. — Journée de 10 heures pour les femmes et les jeunes ouvriers*), par M. A. MILLERAND, député, ancien ministre, 1913. — Une brochure, 51 p., in-16 (*Nouvelle série,* n° 6). — 1 franc.

Cf. PROTECTION LÉGALE DES EMPLOYÉS.

REPOS HEBDOMADAIRE et SEMAINE ANGLAISE

La réglementation hebdomadaire de la durée du travail. — Le repos du samedi, par MM. IVAN STROHL, industriel et F. FAGNOT, enquêteur à l'Office du Travail, 1903. — Une brochure, 39 p. in-16 (*Première serie,* n° 2). — 0 fr. 60.

Les dérogations au repos collectif du dimanche, par M. PAUL AUBRIOT, député, 1914. — Une brochure in-16 (*Nouvelle série,* n° 4). — 1 franc.

La Semaine anglaise. — Le repos de l'après-midi du samedi, par M. RAOUL JAY, professeur à la Faculté de Droit de l'Université de Paris, 1914. — Une brochure, 66 p. in-16 (*Nouvelle série,* n° 7). — 1 franc.

Cf. DURÉE DU TRAVAIL (*Modifications à la loi de 1900*).

TRAVAIL DE NUIT

Le travail de nuit dans les boulangeries, par M. JUSTIN GODART, député, 1910. — Une brochure, 47 p., in-16 (*Sixième série,* n° 3). — 0 fr. 60.

Cf. — TRAVAIL DES ENFANTS (*Usines à feu continu*). — TRAVAIL DES FEMMES (*Conférence de Berne*). — PROTECTION LÉGALE DES EMPLOYÉS (*Veillées*).

HYGIÈNE ET SÉCURITÉ DES TRAVAILLEURS

L'interdiction de la céruse dans l'industrie de la peinture, par M. J. L. BRETON, député, 1905. — Une brochure, 60 p., in-16 (*Troisième série,* n° 1). — 0 fr. 60.

La conférence officielle de Berne (*emploi du phosphore blanc*), par M. A. MILLERAND, député, 1905. — Une brochure, 20 p., in-16 (*Troisième série*, n° 2). — 0 fr. 60.

Les poisons industriels, par M. GEORGES ALFASSA, ingénieur E. C. P 1906. — Une brochure, 34 p., in-16 (*Rapport à l'Assemblée générale de Genève*). — 0 fr. 60.

La réforme de la procédure de la mise en demeure, organisée par la loi du 12 juin 1893 - 11 juillet 1903, sur l'hygiène et la sécurité des travailleurs, par M. E. BRIAT, membre du Conseil supérieur du Travail, 1910. — Un volume, 150 p., in-16 (*Sixième série*, n° 2). — 2 fr. 50.

Les maladies professionnelles, par M. J.-L. BRETON, député, 1911. — Une brochure, 104 p., in-16 (*Sixième série*, n° 5). — 1 fr.

La réglementation des conditions de sécurité et d'hygiène dans les chantiers de construction, par BERNARD DÉCAILLY, inspecteur départemental du travail à Lille, 1913. — Une brochure, 90 p., in-16. Publication de la section du Nord. (*Nouvelle série*, n° 5), — 1 franc.

Cf. TRAVAIL DES FEMMES (*Maternité*).

ACCIDENTS DU TRAVAIL

L'Assurance ouvrière et les ouvriers étrangers, par M. HENRI BARRAULT, 1906. — Une brochure, 10 p., in-16 (*Rapport à l'Assemblée générale de Genève*). — 0 fr. 10.

La réalisation de l'égalité entre nationaux et étrangers, au point de vue de l'indemnisation des accidents du travail par voie de convention internationale, par M. A. BOISSARD, 1908. — Une brochure, 10 p., in-16 (*Rapport à l'Assemblée générale de Lucerne*). - 0 fr. 10

Les accidents du travail dans l'agriculture, par M. HENRI CAPITANT, professeur à la Faculté de droit de l'Université de Paris, 1909. — Un volume, 112 p., in-16 (*Cinquième série*, n° 6). — 1 fr. 75.

La prévention des accidents sur les voies ferrées des usines, par M. LÉVÊQUE, inspecteur du travail, 1909. — Une brochure, 33 p., in-16 (Publication de la section du Nord. *Cinquième série bis*, n° 4). — 0 fr. 60.

Les accidents du travail survenus aux enfants âgés de moins de treize ans, par M. HENRI CAPITANT, professeur à la Faculté de droit de l'Université de Paris, 1913. — Une brochure, 53 p., in-16 (*Nouvelle série* n° 3). — 1 fr.

PROTECTION DU SALAIRE

La loi du 7 mars 1850 et le mesurage du travail à la tâche, par M. A. BOISSARD, 1908. — Une brochure, 86 p., in-16 (*Cinquième série*, n° 2). — 0 fr. 60.

La saisie-arrêt des salaires et traitements, par M. CHARLES GUERNIER, professeur à la Faculté de droit de Lille, député d'Ille-et-Vilaine, 1913. — Une brochure, 47 p., in-16 (*Nouvelle série*, n° 2). — 1 fr.

Cf. — INDUSTRIE A DOMICILE (*Minimum de salaire*).

CONTRAT DE TRAVAIL

Le contrat de travail (*Examen du projet de loi du gouvernement sur le contrat individuel et la convention collective*, par MM. PERREAU, professeur à la Faculté de droit de l'Université de Paris, et F. FAGNOT, enquêteur à l'Office du Travail, 1907. — Un volume, 218 p., in-16 (*Quatrième série*). — **3 fr. 50.**

Le contrat de travail et le Code civil (*Examen des textes que la Commission du Travail de la Chambre des députés propose d'introduire dans le Code civil*), par MM. PERREAU, professeur à la Faculté de droit de l'Université de Paris, et GROUSSIER, député, 1908. — Un volume, 261 p., in-16 (*Cinquième série*, n° 3). — **3 fr. 50.**

La Réglementation légale de la Convention collective de Travail, par M. ARTHUR GROUSSIER, député, 1913. — Une brochure, 138 p. in-16 (*Nouvelle série*, n° 4). — **1 fr. 50.**

CONFLITS DU TRAVAIL

La grève et l'organisation ouvrière, par M. A. MILLERAND, député, 1906. — Une brochure, 48 p., in-16 (*Troisième série*, n° 8). — **0 fr. 60.**

La conciliation dans les conflits collectifs et les travaux de la section du Nord de l'Association, par M. AFTALION, professeur à la Faculté de droit de l'Université de Lille, 1908. — Une brochure, 168 p., in-16 (*Cinquième série*, n° 1). — **0 fr. 60.**

Le règlement amiable des conflits du travail, par MM. AFTALION, professeur à la Faculté de droit de l'Université de Lille; ARQUEMBOURG, ingénieur des arts et manufactures, et FAGNOT, enquêteur à l'Office du Travail, 1911. — Un volume 219 p., in-16 (*Sixième série*, n° 7). — **2 fr. 50.**

CHOMAGE

Les caisses de chômage, par M. Ch. DE LAUWEYRENS DE ROOSENDAELE, docteur en droit, 1907. — (Publications de la section du Nord. *Cinquième série bis*, n° 1). — **1 fr.**

La lutte contre le chômage dans le Nord, par M. Ch. DE LAUWEYRENS DE ROOSENDAELE, docteur en droit, 1910. — Une brochure, 56 p., in-16. — (Publications de la section du Nord. *Cinquième série bis*, n° 5). — **1 fr.**

Les problèmes du chômage, par MM. F. FAGNOT, enquêteur à l'Office du Travail; MAX LAZARD, Docteur en droit, et LOUIS VARLEZ, Président de la Bourse du Travail et du Fonds de Chômage de Gand, 1910. — Un volume, 215 p., in-16 (*Sixième série*, n° 1). — **2 fr. 50.**

PLACEMENT

Le placement et sa réorganisation, par MM. ALFRED DODANTHUN et CH. DE LAUWEREYNS DE ROOSENDAELE, Docteurs en droit, 1912. — Une brochure, 79 p., in-16. (Publications de la section du Nord. *Sixième série bis*, n° 3). — **1 fr. 50.**

CONSEILS DE PRUD'HOMMES

Les demandes reconventionnelles devant le Conseil des prud'hommes, par M. E. BRIAT, membre du Conseil supérieur du Travail, 1911. — Une brochure, 54 p., in-16 (*Sixième série*, n° 6). — **1 franc.**

INSPECTION DU TRAVAIL

La réforme de l'inspection du travail en France, par M. EUGÈNE PETIT, avocat à la Cour d'Appel de Paris, 1909. — Un volume, 298 p., in-16 (*Cinquième série*, n° 4). — **3 fr. 50.**

Cf. DURÉE DU TRAVAIL (*Contrôle*) ; HYGIÈNE ET SÉCURITÉ (*Mise en demeure*).

AUXILIAIRES DE L'INSPECTION DU TRAVAIL

La Ligue sociale d'acheteurs, par Mme JEAN BRUNHES, 1903. — Une brochure, 36 p., in-16 (*Première série*, n° 4). — **0 fr. 60.**

Le droit de citation directe pour les associations, par M. HENRI HAYEM, 1904. — Une brochure, 21 p., in-16 (*Première série*, n° 10). — **0 fr. 60.**

Collaboration des ouvriers organisés à l'œuvre de l'inspection du travail, par M. HENRI LORIN, 1909. — Un volume, 174 p., in-16 (*Cinquième série*, n° 5). — **1 fr. 75.**

PUBLICATIONS

DE

l'Association Internationale pour la Protection Légale des Travailleurs

---

PUBLIÉ PAR LE BUREAU DE L'ASSOCIATION INTERNATIONALE POUR LA PROTECTION LÉGALE DES TRAVAILLEURS

Président : Henri SCHERRER, conseiller d'Etat, à Saint-Gall ; *Vice-Président* : Adrien LACHENAL, ancien conseiller fédéral ; *Secrétaire général* : Stéphan BAUER, professeur à l'Université de Bâle.

N° 1. — L'Association internationale pour la Protection légale des Travailleurs. — Assemblée constitutive tenue à Bâle les 27 et 28 septembre 1901. — Rapports et compte rendu des séances. — 1 vol. 270 p. PRIX : **5 fr.**

N° 2. — Compte rendu de la 2e assemblée générale du Comité de l'Association internationale pour la Protection légale des Travailleurs, tenue à Cologne les 26 et 27 septembre 1902, suivi de rapports annuels de l'Association internationale et de l'Office international du Travail. 1903. — 1 vol., 82 p. PRIX : **2 fr.**

N° 3. — Compte rendu de la 3e assemblée générale du Comité de l'Association internationale pour la Protection légale des Travailleurs, tenue à Bâle les 26, 27 et 28 septembre 1904, suivi de rapports annuels de l'Association internationale et de l'Office international du Travail. 1905. — 1 vol., 176 p. PRIX : **4 fr.**

N° 4. — Deux mémoires présentés aux Gouvernements des Etats industriels en vue de la convocation d'une Conférence internationale de protection ouvrière. — I. Mémoire explicatif sur les bases d'une interdiction internationale du travail de nuit des femmes. — II. Mémoire explicatif sur l'interdiction de l'emploi du phosphore blanc dans l'industrie des allumettes. 1905. — 1 vol., 49 p. PRIX : 2 fr. 50.

N° 5. — **Compte rendu de la 4e assemblée générale du Comité de l'Association internationale pour la Protection légale des Travailleurs**, tenue à Genève les 26, 27, 28 et 29 septembre 1906, suivi des rapports annuels de l'Association internationale et de l'Office international du Travail. 1907. — 1 vol., 163 p. PRIX : 4 fr.

N° 6. — **Compte rendu de la 5e assemblée générale du Comité de l'Association internationale pour la Protection légale des Travailleurs**, tenue à Lucerne les 28, 29 et 30 septembre 1908, suivi des rapports annuels de l'Association internationale et de l'Office international du Travail. 1909. — 1 vol., 216 p. PRIX : 5 fr.

N° 7. — **Compte rendu de la 6e assemblée générale du Comité de l'Association internationale pour la Protection légale des Travailleurs**, tenue à Lugano les 26, 27 et 28 septembre 1910, suivi des rapports annuels de l'Association internationale et de l'Office international du Travail. 1910. — 1 vol., 193 p. PRIX : 5 fr.

Les Industries insalubres. — Rapport sur leurs dangers et les moyens de les prévenir, particulièrement dans l'industrie des allumettes et celles qui fabriquent ou emploient des couleurs de plomb. Publié au nom de l'Association internationale et précédé d'une préface par St. BAUER, professeur à l'Université de Bâle, directeur de l'Office international du Travail. 1903. — 1 vol., 460 p. PRIX : 7 fr. 50.

Le Travail de nuit des femmes dans l'industrie. — Rapports sur son importance et sa réglementation légale. Publiés au nom de l'Association internationale et précédés d'une préface par St. BAUER, professeur à l'Université de Bâle, directeur de l'Office international du Travail. 1903. — 1 vol., 384 p. PRIX : 6 fr.

Rapport comparatif sur l'application des lois ouvrières. — Publié par l'Office international du Travail à Bâle. Tome I. L'Inspection du Travail en Europe. 1910.

OUVRAGES NON MIS EN VENTE :

Association pour la Protection légale des Travailleurs. Concours international pour la lutte contre le saturnisme.

Les Fonderies de plomb, par M. Boulin, inspecteur divisionnaire du Travail à Lille. Ouvrage couronné.
(*Extrait du Bulletin de l'Inspection du Travail, 1906, n°s 5 et 6*).

Le Saturnisme dans la typographie, par M. Ducrot, ancien élève de l'Ecole polytechnique. Ouvrage couronné.
(*Extrait du Bulletin de l'Inspection du Travail, 1906, n°s 5 et 6*).

L'Association internationale pour la Protection légale des Travailleurs et l'Office international du Travail, 1901-1910. — Origines. — Organisations. — Œuvre réalisée. — Documents. — Rapport présenté au Congrès mondial des associations internationales (Bruxelles, mai 1910), par S. Bauer, secrétaire général de l'Association internationale pour la Protection légale des Travailleurs, directeur de l'Office international du Travail, professeur à l'Université de Bâle. Bruxelles 1910 (*épuisé*).

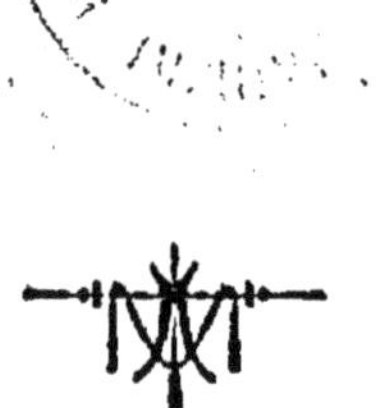

Orléans. — Imp. Auguste Gout & Cie.

Publications de l'Association Nationale Française pour la Protection Légale des Travailleurs

EN VENTE CHEZ F. ALCAN, éditeur, 108, boulevard Saint-Germain et Marcel RIVIÈRE, 31, rue Jacob

PREMIÈRE SÉRIE

L'Association pour la protection légale, par M. André Lichtenberger.

I. *La protection légale des femmes av. et ap. l'accouchement.* — Rap. d. M. le Dr Fauquet.

II. *La réglementation hebdomadaire de la durée du travail. — Le repos du samedi.* — Rapports de M. Ivan Strohl, industriel, et de M. Fagnot, de l'Office du travail.

III. *L'âge d'admission des enfants au travail industriel. — Le travail de demi-temps.* — Rapport de M. Et. Martin-Saint-Léon.

IV. *La ligue sociale d'acheteurs.* — Rapport de Mme Jean Brunhes.

V. *La protection légale de l'employé et la réglementation du travail des magasins.* — Rapport de M. A. Artaud.

VI. *La réglementation de la durée du travail dans les mines.* — Rap. de M. l'abbé Lemire.

VII. *La réglementation du travail en chambre.* — Rap. de M. Fagnot, de l'Office du travail.

VIII. *La protection des travailleurs indigènes aux colonies.* — Rapport de M. René Pinon.

IX. *L'emploi des enfants dans les théâtres et cafés-concerts.* — Rapport de M. Raoul Jay.

X. *Le droit de citation directe pour les Associations.* — Rapport de M. Henri Hayem.

Chaque br. : **0 fr. 60**. L'ensemble de ces broch. forme un vol. de **3 f. 50** sous le titre :

LA PROTECTION LÉGALE DES TRAVAILLEURS

DEUXIÈME SÉRIE

LA DURÉE LÉGALE DU TRAVAIL. — *Des modifications à apporter à la loi de 1900.* — Rapports de MM. Fagnot, Millerand et Strohl. — 1 vol., **2 fr. 50.**

TROISIÈME SÉRIE

I. *L'interdiction de la céruse dans l'indust. de la peinture.* — Rap. de M. Breton, député.

II. *La Conférence officielle de Berne.* — Rap. de M. Millerand, présid. de l'Association.

III. *Le Contrôle de la durée du travail.* — Rapport de M. Georges Alfassa.

IV. *La protection légale des enfants occupés hors de l'industrie. — I. La loi anglaise.* — Rapport de M. Edouard Dolléans.

V. *La protection légale des enfants occupés hors de l'industrie. — II. La loi allemande.* — Rapport de M. Henry Moysset.

VI. *La Protection légale des enfants occupés hors de l'industrie en France. — III. La Situation en France.* — Communications de MM. l'abbé Meny, Gemahling, Mlle Blondelu, MM. Georges Piot, Raoul Jay, Léon Vignols.

VII. *De l'extension de la loi du 29 décembre 1900 aux femmes employées dans l'industrie.* — Rapport de Mme DE LA RUELLE, inspectrice du travail

VIII. *La grève et l'organisation ouvrière.* — Communication de M. A. MILLERAND, président de l'Association.

Chaque br. : **0 f. 60.** L'ensemble de ces broch. forme un vol de **3 f. 50** sous le titre :

LA PROTECTION LÉGALE DES TRAVAILLEURS. — 3e série (1905-1906)

Rapports présentés au Congrès de Lucerne (1908) par la Section française

Le travail de nuit des adolescents dans l'industrie française. — Rapport de M. MARTIN-SAINT-LÉON. — Brochure, **0 fr. 60.**

Les poisons industriels. — Rapport de M. Georges ALFASSA. — Brochure, **0 fr. 60.**

L'assurance ouvrière et les ouvriers étrangers. — Rap. de M. H. BARRAULT. — Br., **0 f. 10.**

La limitation légale de la journée de travail en France. — Rap. de M. R. JAY. — Br., **0 f. 60.**

Le travail à domicile en France. — Rapport de MM. Paul PIC et A. AMIEUX. — Br., **0 fr. 30.**

QUATRIÈME SÉRIE

LE CONTRAT DE TRAVAIL (Examen du projet de loi du Gouvernement). — Rapports de M. PERREAU, professeur à la Faculté de Droit de Paris, et de M. FAGNOT, enquêteur au ministère du Travail. — 1 volume, **3 fr. 50.**

Rapports présentés à l'Assemblée de Genève (1906) par la Section française

Le travail de nuit des enfants dans les usines à feu continu. — Rapport de M. F. FAGNOT. — Br., **0 fr. 60.**

Le travail industriel des enfants. — Rapport de M. Georges ALFASSA. — Br. **0 fr. 60.**

La réalisation de l'égalité entre nationaux et étrangers. — Rapport de M. A. BOISSARD — Br. **0 fr. 10.**

CINQUIÈME SÉRIE

I. *La Conciliation dans les conflits collectifs et les travaux de la section du Nord de l'Association.* — Rap. de M. AFTALION. — Brochure, **0 fr. 60.**

II. *La loi du 7 mars 1850 et le Mesurage du travail à la tâche.* — Rapport de M. Ad. BOISSARD. — Brochure, **0 fr. 60.**

III. *Le Contrat de travail et le Code civil.* — Rapports de MM. PERREAU et GROUSSIER. — 1 volume, **3 fr. 50.**

IV. *La Réforme de l'inspection du travail en France.* — Rapport de M. Eugène PETIT. — 1 volume, **3 fr. 50.**

V. *Collaboration des ouvriers organisés à l'œuvre de l'inspection du travail.* — Rapport de M. Henri LORIN. — 1 volume, **1 fr. 75.**

VI. *Les Accidents du Travail dans l'Agriculture.* — Rapport de M. Henri CAPITANT. — 1 volume, **1 fr. 75.**

CINQUIÈME SÉRIE bis

Publications de la Section du Nord

I. *Les Caisses de chômage.* — Rap. de M. DE LAUWEYRENS DE ROOSENDAELE. — Br., 0 fr. 60.

II. *L'application dans le Nord et la Révision des Décrets de 1899 sur les conditions du travail dans les marchés publics.* — Rapports de MM. BARGERON et MASSON. — Brochure, 1 fr.

III. *Le travail de nuit des enfants dans les usines à feu continu.* — Rapport de M. LÉVÊQUE. — Brochure, 0 fr. 60.

IV. *La prévention des accidents sur les voies ferrées des usines.* — Rapport de M. LÉVÊQUE. — Brochure, 0 fr. 60.

V. *La lutte contre le chômage dans le Nord.* — Rapport de M. DE LAUWEYRENS DE ROOSENDAELE. — Brochure, 1 fr.

SIXIÈME SÉRIE

I. *Les Problèmes du Chômage.* — Rapports de MM. F. FAGNOT, Max LAZARD, Louis VARLEZ. — 1 volume, 2 fr. 50.

II. *La Réforme de la Procédure de la Mise en Demeure.* — Rapport de M. E. BRIAT. — 1 volume, 2 fr. 50.

III. *Le Travail de Nuit dans les Boulangeries.* — Rapport de M. Justin GODART. — 1 volume, 1 fr. 25.

IV. *Le Travail de nuit des enfants dans les usines à feu continu.* — Rapport de M. l'abbé LEMIRE. — Brochure, 1 fr.

V. *Les Maladies Professionnelles.* — Rapport de M. L.-J. BRETON. — Brochure, 1 fr.

VI. *Les Demandes reconventionnelles, devant le Conseil des Prud'hommes.* — Rapport de M E. BRIAT. — Brochure, 1 fr.

VII. *Le Règlement amiable des Conflits du Travail.* — Rapports de MM. AFTALION, ARQUEMBOURG et FAGNOT — 1 volume, 2 fr. 50.

SIXIÈME SÉRIE bis

Publications de la Section du Nord

I et II. *La Réglementation légale de la durée du travail des employés.* — Rapport de M. DEPITRE. — *La réduction du nombre des enfants employés la nuit dans les verreries.* — Rapport de M. LÉVÊQUE. — Brochure, 1 fr. 50.

III. *Le Placement et sa réorganisation* — Rapports de MM. A. DODANTHUN et de LAUWEREYNS DE ROOSENDAELE. — Brochure, 1 fr. 50.

SEPTIÈME SÉRIE

I. *Le Minimum de salaire dans l'industrie à domicile.* — Rapports de MM. B. RAYNAUD, Comte A. DE MUN, Abbé MÉNY. — 1 volume, 2 fr. 50.

II. *La Protection de la Maternité ouvrière.* — Rapports de MM. Louis MARIN et Paul STRAUSS. — Brochure, 1 franc.

III. *De la sanction par l'autorité publique des accords entre chefs d'Entreprises commerciales et industrielles pour l'amélioration des conditions du travail.* — Rapports de MM. ARTAUD, DESLANDRES et Justin GODART. — Brochure, 1 fr.

L'Organisation du Travail dans les usines à feu continu. — Rapport présenté par M. BOREAS à l'Assemblée générale de Zurich, 1912. — Brochure, 1 fr.

NOUVELLE SÉRIE

Les publications de l'Association paraissent dorénavant en une série unique et ininterrompue

I. *La Réglementation du Travail dans les Usines à marche continue.* — Rapport de M. F. FAGNOT. — Brochure, 1 fr. 50.

II. *La Saisie-Arrêt des salaires et traitements.* — Rapport de M. Ch. GUERNIER. — Brochure, 1 fr.

III. *Les Accidents du Travail survenus aux enfants âgés de moins de treize ans.* — Rapport de M. Henri CAPITANT. — Brochure, 1 fr.

IV. *La Réglementation légale de la Convention collective de Travail.* — Rapport de M. Arthur GROUSSIER. — Brochure, 1 fr. 50.

V. *La Réglementation des Conditions de Sécurité et d'Hygiène dans les chantiers de construction.* — Rapport de M. BERNARD DÉCAILLY. Publication de la Section du Nord, 1913. — Brochure, 1 fr.

VI. *La Deuxième Conférence officielle de Berne (Travail de nuit des jeunes ouvriers. — Journée de 10 heures).* — Rapport de M. A. MILLERAND, 1913. — Brochure, 1 fr.

VII. *Les dérogations au repos collectif du repos du dimanche.* — Rapport de M. Paul AUBRIOT, 1914. — Brochure, 3 fr.

VIII. *Les veillées dans le commerce.* — Rapport de M. Charles VIENNET, 1914. — Brochure, 1 fr.

IX. *La Semaine anglaise. — Le Repos de l'après-midi du samedi.* — Rapport de M. Raoul JAY, 1914. — Brochure, 1 fr.

L'Association nationale française examine et discute dans ses réunions périodiques les questions de législation du travail à l'ordre du jour. Elle publie le compte rendu de ses discussions. Ces publications sont servies aux membres de l'Association.

Sont membres de l'Association les personnes et les sociétés qui considèrent la législation protectrice des travailleurs comme nécessaire et adhèrent aux statuts de l'Association.

La cotisation annuelle est fixée à **10** francs. Elle est réduite à **3** francs pour les personnes ou les sociétés qui ne demandent pas à recevoir les publications de l'Office international.

Les adhésions sont reçues par le trésorier de l'Association : M. Léon DE SEILHAC, délégué permanent du Musée social, 5, rue Las-Cases.

ORLÉANS. — IMP. AUGUSTE GOUT & Cie

www.ingramcontent.com/pod-product-compliance
Ingram Content Group UK Ltd.
Pitfield, Milton Keynes, MK11 3LW, UK
UKHW021125260726
13994UKWH00002B/987

9 782329 056869